Kriegsende in Murnau

von Robert J. Huber

Kampf und Widerstand rund um Murnau während der letzten
Kriegswochen im Frühjahr 1945

Kriegsende in Murnau

Robert J. Huber

Impressum

Bibliografische Information der Deutschen Nationalbibliothek:
Die Deutsche Nationalbibliothek verzeichnet diese Publikation in der
Deutschen Nationalbibliografie; detaillierte bibliografische Daten sind im
Internet über https://dnb.de abrufbar.

Umschlaggestaltung: Robert J. Huber
Umschlagvorderseite: Murnau am 29.04.1945, Foto: 12th Armored Division
Korrekturarbeiten: Claudia Huber

Herstellung und Verlag: BoD – Books on Demand, Norderstedt

ISBN: 978-3-756860012

Herzlichen Dank an:

Frau Dr. Marion Hruschka, Murnau,

Herrn Dr. Joachim Heberlein, Weilheim,

und Herrn Karl Wolf, Aidling,

ohne deren fachkundige Beratung

dieses Buch nicht entstanden wäre.

Inhaltsverzeichnis

Einleitung

Hitlers grausamer Krieg neigt sich im Frühjahr 1945 erkennbar dem Ende entgegen. Die Westfront kommt dem bayerischen Oberland immer näher. In der kleinen Marktgemeinde Murnau schwindet die anfänglich recht große Begeisterung für den Nationalsozialismus aber nur langsam – trotz der herrschenden großen Not. Viele Ehemänner, Söhne und Familienväter sind bereits für den „Führer" in der Ferne den „Heldentod" gestorben. Es fehlt an vielen Dingen des täglichen Bedarfs. Der Wohnraum ist knapp, die zahlreich zwangseinquartierten Bombenflüchtlinge aus dem Norden belegen praktisch jede freie Kammer. Zudem stillen die nur mit Lebensmittelmarken zu bekommenden kleinen Rationen lediglich den größten Hunger.

Im April 1945 stehen die Zeichen für Murnau endgültig auf Sturm. Hitler umrandet nach langem Zögern auf einer Alpenkarte mit dickem Stift das Rückzugsgebiet für den Endkampf seiner Nationalsozialisten. Er markiert die von den Alliierten schon lange vermutete „Alpenfestung". An der Nordgrenze liegt Murnau. Die Einwohner wissen davon nichts, ahnen aber wohl etwas. Gar zu viele Fahrzeuge der Wehrmacht und SS durchqueren auf der Reichsstraße 2, der „Olympiastraße", den beschaulichen Ort. Es droht hier eine genauso heftige Schlacht mit fürchterlichen Zerstörungen wie in so vielen anderen Städten des Reiches. Denn die SS-Männer kämpfen brutal, fanatisch und regelmäßig bis zur letzten Patrone. Für sie gibt es nur Sieg oder Tod.

Eine schier unglaubliche Kette von Zufällen verhindert dann ein größeres Gefecht im Murnauer Land, es kommt zu einem überraschend friedlichen Einmarsch der US-amerikanischen Kampftruppen. Die dramatischen Ereignisse jener Tage fasst dieses Buch zusammen und bietet dazu neue Erkenntnisse, Bildmaterial und Hintergrundinformationen.

Das (unvermeidliche) Kleingedruckte:

Der Text enthält als Fußnoten zahlreiche aktive Links zu nach Meinung des Verfassers interessanten Webseiten mit weiterführenden Informationen. In Klammern steht dahinter das Datum des Aufrufs der Seiten im Internet. Das ist zwar in der E-Book–Version praktisch, zwingt aber den Autor, sich ausdrücklich von Werbeinhalten auf diesen Seiten zu distanzieren und keine Haftung für die Inhalte und das Funktionieren der Links zu übernehmen!

Für die Leser der Print-Ausgabe werden am Ende des Buches, nach Seitenzahlen sortiert, die Internet-Quellen als Text und als QR-Code wiederholt. Mit dem Smartphone ist damit schnell die betreffende Website erreicht.

Die wissenschaftlich geübte Leserschaft wird um Verständnis dafür gebeten, dass zugunsten der Möglichkeit, sich einen ersten Überblick zu verschaffen, des Öfteren Wikipedia-Artikel verlinkt sind.

Bild auf der Umschlagvorderseite: 12th Armored Division Museum, Abilene, Texas, public domain. Eigene Bearbeitung.

1. Die Kasernen in Murnau

Bereits vor dem ersten Weltkrieg übten bayerische Infanteristen gerne im Murnauer Land. Die damals übliche Begeisterung für alles Militärische teilten auch die Bewohner der Marktgemeinde. Der verlorene Krieg 1914/18 änderte daran wenig. Als es dann Ende der 1920er Jahre um Murnaus Finanzen nicht zum Besten stand, bewarb sich die Gemeinde um eine Garnison.[1] Man dachte wohl an die damit verbundenen zusätzlichen Umsätze für die örtlichen Gewerbetreibenden und Gastwirte. Jedoch schrieb die Münchner Wehrkreisverwaltung zunächst eine höfliche Absage.[2] Mit der Machtergreifung der Nationalsozialisten im Jahr 1933 änderte sich die Lage. Es begann eine gigantische Aufrüstung. Zunächst allerdings geheim, da das Vorhaben den Versailler Friedensvertrag verletzte. Aus der kleinen Reichswehr der Weimarer Republik sollte eine große „Wehrmacht" werden, das erforderte viele neue Kasernen. Auch diesmal, so schien es zunächst, würde Murnau leer ausgehen. Aus bereits bestehenden Teilverbänden[3] entstand ab 1934 unter dem Kommando von Oberst Ludwig Kübler die einzige deutsche Gebirgsjägerbrigade mit neuen Kasernen in Bad Reichenhall, Füssen und Garmisch.[4]

---

[1] Im Jahr 1928 schlug Bürgermeister Utzschneider dem Münchner Militärkommando Murnau als günstigen Standort für Gebirgstruppen vor. Vgl. (Raim 2021), S. 511

[2] Der Bedarf an neuen Standorten für das Militär war 1928 noch nicht gegeben, der Friedensvertrag von Versailles erlaubte Deutschland höchstens 100.000 Soldaten. Die dafür erforderlichen Kasernen gab es schon. Siehe dazu Art. 160 des Friedensvertrages vom 28. Juni 1919 (Versailler Vertrag) documentArchiv.de - Versailler Vertrag, Art. 159-213 (28.06.1919) (24.04.2021)

[3] In Kempten und Lindau befanden sich die Kasernen der Gebirgsjäger-Bataillone. Die Gebirgs-Artillerie- und eine Gebirgs-Fahr-Abteilung lagen in Landsberg, die Nachrichten-, Minenwerfer- und Pionierkompanie der Gebirgsjäger in München.

[4] Das Bataillon aus Kempten sollte die neue Kaserne in Garmisch beziehen und zusammen mit den Soldaten in Füssen zum Gebirgsjäger-Regiment 99 aufwachsen. Für die Gebirgsjäger in Bad Reichenhall mit der Regimentsnummer 100 war Murnau zu weit entfernt.

Die Murnauer Nationalsozialisten wollten aber unbedingt auch einen eigenen Standort, notfalls ohne Soldaten. So beschlossen sie, für eine „Geländesportschule" der SA in Grafenaschau (heute Murnau-Westried) ein sehr großes Grundstück samt Erschließung kostenlos (!) zur Verfügung zu stellen.[5] Die SA nahm dankbar an, nutzte das Areal aber nur kurz und übergab es dann 1935 an den neu geschaffenen „Reichsarbeitsdienst" weiter, der hier die einzige „Feldmeisterschule" Süddeutschlands einrichtete.[6]

Abbildung 1: Haupteingangstor der Feldmeisterschule 4 in Murnau-Westried (Abkürzung „FS 4" am Scheitelpunkt des Torbogens). Die Lehrgangsteilnehmer wohnten in sogenannten „Feldhäusern", einfachen aber beheizbaren Baracken in Holzständerbauweise. © Privat.

---

[5] Siehe (Hruschka 2002), S. 110. Einen freien Gemeinderat gab es inzwischen nicht mehr, es entschieden die Funktionäre der nationalsozialistischen Partei.
[6] „Feldmeister" waren Offiziere des nationalsozialistischen „Reichsarbeitsdienstes". Es gab im ganzen Reich zur Ausbildung dieser Führungskräfte nur fünf solcher Schulen. Alle bayerischen Führer dieser nationalsozialistischen Organisation hatten anfangs deshalb in Murnau ihren 9-monatigen Grundlehrgang abzuleisten.

Abbildung 2: Dienstgradabzeichen des „Reichsarbeitsdienstes", einer ideologisch geprägten Organisation der Nationalsozialisten. Die Schulterklappen der „Feldmeister" entsprechen denen der Wehrmachtsoffiziere. Foto: © privat.

Selbstbewusst betrieben die Nationalsozialisten ihre massive Aufrüstung. Im Zeitraum von 1937 bis 1940 verdoppelten sich die Rekrutenjahrgänge. Um alle einberufen zu können, mussten reichsweit hunderte neuer Kasernen entstehen.

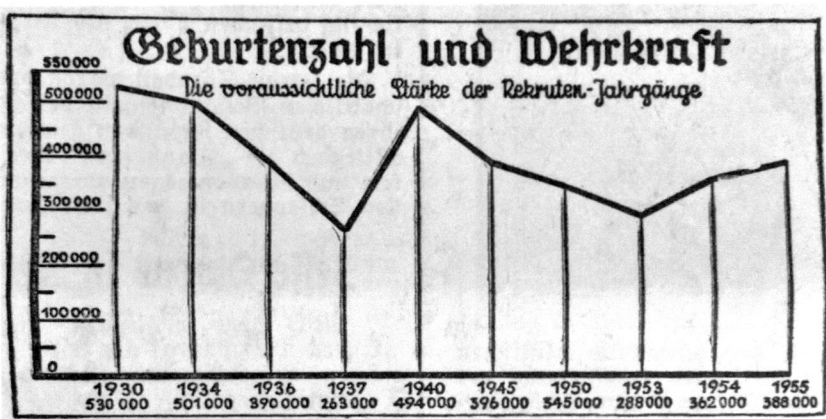

Abbildung 3: Schaubild zur zahlenmäßigen Entwicklung der Rekrutenjahrgänge. Während des Ersten Weltkriegs reduzierte sich die Zahl der Geburten deutlich, deshalb gab es 18 Jahre später, ab 1934, entsprechend weniger Rekruten. Ab 1919 wurden bis zum Maximum 1922 wieder mehr Kinder geboren. Dieser stärkste Jahrgang sollte dann 1940 in die Wehrmacht. Vor diesem Hintergrund empfahlen die Militärstrategen Hitler einen Angriffskrieg nicht vor 1941. Grafik entnommen aus „Weilheimer Tagblatt" vom 3.6.1936, S. 3, public domain.

Damit war Murnau nun wieder im Rennen. Es mag sein, dass sich die alle noch zu Kaisers Zeiten ausgebildeten höheren Offiziere dabei an die durchaus angenehmen Manöver im Großraum Murnau erinnerten. Vielleicht waren aber auch die Alternativen in der Umgebung einfach schon besetzt – in Bad Tölz gab es die „Junkerschule" der SS, in Schongau eine Ausbildungseinheit der Luftwaffe samt Flugfeld. Die verkehrsgünstig gelegene Bezirksstadt Weilheim bewarb sich nicht, der überregionale Einfluss der dortigen lokalen nationalsozialistischen Partei-Funktionäre war anfangs eher gering. Murnau jedoch hatte sich in der NSDAP früh einen Namen gemacht.[7] Jedenfalls erhielt die Marktgemeinde trotz der bereits existierenden Feldmeisterschule den Zuschlag für gleich zwei Kasernenneubauten. Eine sollte die IV. Abteilung des Gebirgs-Artillerie-Regiments 79 aus Landsberg aufnehmen, die andere eine neu aufgestellte Gebirgs-Panzerabwehr-Abteilung mit modernem Gerät.

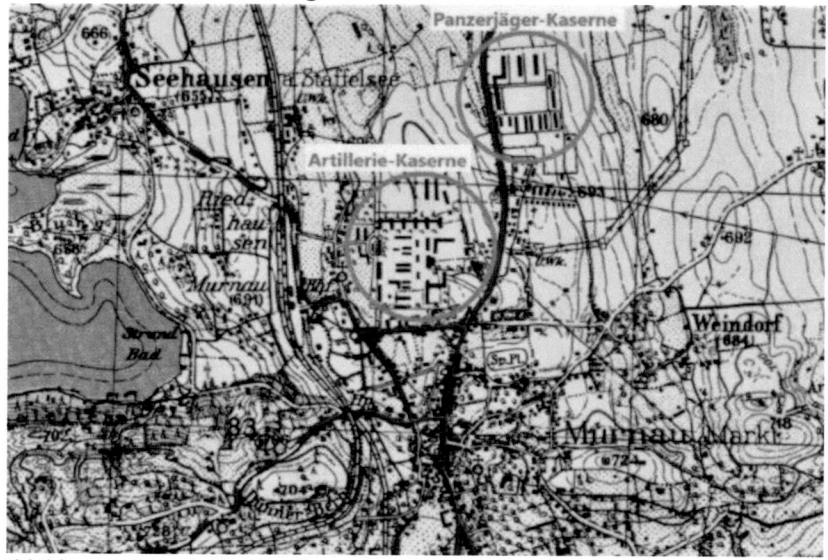

Abbildung 4: Lage der beiden Kasernen am nördlichen Ortsrand der Marktgemeinde Murnau. Eigene Darstellung.

Gauleiter Adolf Wagner, zugleich bayerischer Innenminister, steuerte in München die Baumaßnahmen. Da es viele gleichzeitig zu errichtende Kasernenbauten gab, wies er den wenigen zur Verfügung stehenden Architekten bestimmte Projekte zu. So eine

---

[7] Hier feierte die NSDAP schon früh große Erfolge, so erhielt sie z. B. bei einer der letzten freien Reichstagswahlen am 31. Juli 1932 43,92 % der Stimmen, in ganz Oberbayern lediglich 25,8 %. Siehe dazu: https://www.wahlen-in-deutschland.de/wuuboberbayern.htm (14.08.2022) und (Raim 2021), S. 335 f. (Am Tag nach dieser Wahl verheerte ein fürchterliches Hagelunwetter das Murnauer Land; viele der tief katholischen Einwohner sahen darin ein himmlisches Zeichen.)

Zuweisung konnte praktisch nur ablehnen, wer sich mit dem Gedanken an eine Auswanderung trug. Die Kasernenbauten in Murnau gingen dann auch an ein Nicht-NSDAP-Mitglied, den erst 30-jährigen Architekten Sep Ruf, einen der bedeutendsten Architekten des letzten Jahrhunderts.[8] Ruf musste Prioritäten setzen, mit den wenigen bereits überlasteten Baufirmen war ein synchrones Bauen beider Kasernen nicht möglich. Das Münchner Generalkommando priorisierte die Artilleriekaserne, so hatten die Panzerjäger zu warten.

Abbildung 5: Ein seltenes „Sonder-Kraftfahrzeug 7". Der mittlere Zugkraftwagen (Halbkettenfahrzeug; 8 Tonnen) mit Maybach-6-Zylinder-Benzin-Reihenmotor des Gebirgs-Artillerie-Regiments 79 bot Platz für bis zu 12 Soldaten und konnte mittlere Geschütze ziehen. Foto: ©Stadtarchiv Weilheim.

---

[8] Vgl. dazu: (Raim 2021), S. 514

Schon im November 1938 bezogen die Soldaten der IV. Abteilung des Gebirgs-Artillerie-Regiments 79 feierlich ihre moderne neue Unterkunft am Nordrand Murnaus und zeigten stolz ihr neues motorisiertes Gerät. Die Liegenschaft hatte eine Kapazität von rund 1.000 Mann und hieß dann ab 1939 „Kemmel-Kaserne".[9]

Erst Mitte 1939 gelang die Fertigstellung der zweiten, der „Panzerjägerkaserne". Der ohnehin erst in Teilen neu aufgestellte Panzerabwehrverband verblieb bis dahin in München.

Die beiden militärischen Liegenschaften sollten für die kleine Marktgemeinde einen bedeutenden Wirtschaftsfaktor darstellen. Man erwartete dauerhafte zivile Arbeitsplätze und von der laufenden Versorgung der hier stationierten Soldaten und ihrer vielen Zugtiere[10] sollten die ortsansässigen Betriebe profitieren. Die Hoffnungen erfüllten sich nicht, nach Fertigstellung zogen die ortsfremden Bauarbeiter ab und die Soldaten in den Krieg.

Genauso wenig zahlte sich die überdurchschnittlich hohe Quote früher Nationalsozialisten im Ort aus. Zwar wurde 1934 ein Murnauer Bürger „Kreisleiter", dieser zog aber umgehend nach Weilheim [11] und erwies sich aber bald als Fehlbesetzung.[12]

---

[9] Der Name bezieht sich auf die Schlachten am Kemmelberg in Flandern (April 1918). Bayerische Truppen beteiligten sich damals unter hohen Verlusten am siegreichen Angriff. Siehe: Vierte Flandernschlacht – Wikipedia (02.01.2022)

[10] Auch wenn es die Propaganda zu verheimlichen suchte – nur ein sehr kleiner Teil der Wehrmacht war motorisiert. In über 80 % der Fälle zogen Pferde die Geschütze, die Besatzungen folgten – ebenso wie die Infanteristen – meist zu Fuß.

[11] Das Murnauer Land zählte damals zum Bezirk Weilheim. Die auf dieser Ebene ranghöchsten Parteifunktionäre der NSDAP hießen aber „Kreisleiter". Wohl deshalb gliederte Hitler die Ebenen in der Verwaltung des gesamten Reiches um. Aus den Bezirken wurden „Landkreise", so mutierte Weilheim von einer Bezirksstadt zur „Kreisstadt". Die Verwaltungsarbeit übernahm eine neue Behörde „Der Landrat".

[12] Der Murnauer Volksschullehrer Ludwig Siegerstetter, früher Nationalsozialist und als Hitlerputsch-Teilnehmer (1923) „Blutordensträger", war zuerst in dieser Funktion. Aus Sicht der Partei mit dem hohen Amt eines „Kreisleiters" überfordert, ersetzte ihn am 29. Januar 1938 der 20 Jahre jüngere und eloquentere „Parteigenosse" Anton Dennerl aus Garmisch; dieser blieb bis zum Kriegsende im Amt.

2. Erste Kriegsjahre

Nur langsam schob sich der Krieg in den Murnauer Alltag. Zuerst leerten sich die beiden Kasernen, nur ein kleines Nachkommando blieb zurück. Die Lehrgänge an der Feldmeisterschule endeten bald,[13] Hitler benötigte die „Bausoldaten" an der Front. Anfangs schien es, als wäre Hitlers erfolgreicher Feldzug im September

Abbildung 6: Murnau zu Beginn des zweiten Weltkriegs - ein beschaulicher Ort. Foto: © Stadtarchiv Weilheim.

1939 gegen Polen ein militärischer „Spaziergang", zumindest stellte das die Propaganda so dar. Die Wirklichkeit sah anders aus. Zwar kapitulierten die letzten polnischen Soldaten bereits nach fünf Wochen,[14] doch kostete die Operation über 10.000

---

[13] Siehe dazu (Raim 2021), S. 441. Es fanden zunächst nur noch sporadisch Kurzlehrgänge für den weiblichen Reichsarbeitsdienst statt.
[14] Siehe (Neitzel 2020), S. 129. Am 19. Sept. 1939 ergaben sich die Reste zweier Armeen, am 6. Oktober 1939 legten die letzten polnischen Soldaten ihre Waffen nieder.

deutschen Soldaten das Leben. Die Gebirgsdivision, dazu gehörte auch der Murnauer Artillerie-Verband, erlitt schwere Verluste.[15] Respekt vor diesem Gegner mag auch dazu beigetragen haben, dass die Wehrmacht die mehr als 3.000 gefangenen polnischen Offiziere ehrenvoll nach den Grundsätzen der Haager Landkriegsordnung von 1907 behandelte.[16] Praktisch alle kamen ab Mitte September 1939 nach Murnau in die leerstehende Panzerjägerkaserne, dort entstand das „Oflag VII-A".[17]

Abbildung 7: In der Murnauer Panzerjäger-Kaserne internierte polnische Offiziere. Noch hielten sich die Bewacher an das Kriegsvölkerrecht. Foto: public domain.

---

[15] Siehe (Neitzel 2020), S. 134: Oberst Schörner, der Kommandeur des Mittenwalder Gebirgsjägerregiments 98, berichtete intern von über 1.400 Toten und Verwundeten allein in der Gebirgsdivision und lobte zudem die Tapferkeit der polnischen Soldaten.
[16] Gemäß II. Kapitel, Art. 6 der Haager Landkriegsordnung mussten kriegsgefangene Offiziere nicht arbeiten. : https://www.jura.uni-muenchen.de/fakultaet/lehrstuehle/satzger/materialien/haag1907d.pdfDie Ergänzung dieser Vorschrift, das Abkommen über die Behandlung von Kriegsgefangenen vom 27. Juli 1929, sah sogar vor, sie menschlich zu behandeln. https://www.ris.bka.gv.at/GeltendeFassung.wxe?Abfrage=Bundesnormen&Gesetzesnummer=10000191 (beide 02.01.2022)
[17] „Oflag", in der abkürzungsverliebten Militärsprache die Bezeichnung für ein Offizier-Lager. Zur Unterscheidung ergänzt um die römische Zahl VII, der Nummer für den „Wehrkreis" München-Oberbayern. Der Buchstabe „A" steht für das erste Lager.

Die nagelneue Unterkunft bot für damalige Verhältnisse einigen Luxus, z. B. geräumige Duschen und eine Zentralheizung. Viele dieser Vorteile ließen sich aufgrund der dreifachen Überbelegung der Kaserne allerdings nur für die höchsten Dienstgrade realisieren.[18] Immerhin durften Emissäre des Internationalen Roten Kreuzes aus Genf regelmäßig die Situation der Gefangenen vor Ort überprüfen und Versorgungsgüter bereitstellen. Das erleichterte das Los der Inhaftierten erheblich und sollte sich bei Kriegsende noch als Glücksfall erweisen.

Abbildung 8: Ein Konvoi des internationalen Roten Kreuzes bringt Versorgungsgüter für die in Murnau internierten polnischen Offiziere. Die Marktgemeinde wäre ohne die Lieferungen aus der Schweiz nicht im Stande gewesen, die bald über 4.000 Personen angemessen zu ernähren. Foto: Sammlung Rempfer, eigene Bearbeitung.

Für die Murnauer Bevölkerung fand der Krieg zunächst vor allem in der Ferne statt. Die Propaganda der Nationalsozialisten versuchte, militärische Auseinandersetzungen als unvermeidlich darzustellen. Sie stimmte die Menschen wie selbstverständlich auf feindliche Waffenwirkungen gegen die Zivilbevölkerung ein.

---

[18] Einzelheiten des Lagerlebens schildert (Lohmann 2017) in seinem detailreichen Buch „Alpenblick hinter Stacheldraht".

Alle Bewohner mussten an Luftschutzübungen teilnehmen und Vorkehrungen zur verpflichtenden nächtlichen Verdunkelung treffen. Die Maßnahmen begannen schon 1935 und nahmen im Krieg natürlich an Häufigkeit zu.[19] Für heutige Betrachter ist es erstaunlich, mit welcher Selbstverständlichkeit man damals davon ausging, dass mit chemischen Kampfstoffen gefüllte Bomben zum Einsatz kommen. In diesem Zusammenhang ist der hohe Bedarf an Schutzausrüstungen[20] und Schulungen zur Gefahrenabwehr bei Gasangriffen zu sehen. Auf Kreisebene gab

Abbildung 9: Dekoriertes Schaufenster in der Kreisstadt Weilheim um 1939. Die "Volksgasmaske" sollte in keinem Haushalt fehlen, propagierte die NSDAP. Foto: © Stadtarchiv Weilheim.

---

[19] Die Luftschutzbereitschaft galt Tag und Nacht, Schutzräume wurden ausgewiesen, sogar für Nutztiere gab es Notunterkünfte. Nachts galt eine strenge Pflicht zur Verdunkelung mit abzuklebenden Fensterscheiben. Vgl. (Raim 2021), S. 518 f.
[20] Die „Volksgasmaske" der Firma Dräger aus Lübeck, 1937 eingeführt und 1940 verbessert, konnte bis zu 20 Minuten vor den damals üblichen chemischen Kampfstoffen schützen. Es gab sie auch in Kindergröße. Siehe dazu: https://www.swr.de/swr2/wissen/archivradio/schueler-ueben-1939-umgang-mit-volksgasmaske-100.html (20.08.2022)

es dazu eine eigene Organisation mit ortsansässigen Spezialisten im Nebenamt, den „Entgiftungs-Zug". Als Leiter fungierte Theobald Wirth, hauptberuflich Straßenmeister der Kreisstadt Weilheim. Diesem entschiedenen Gegner des Regimes gelang es im Laufe des Krieges, immer mehr Gleichgesinnte in seinen Zug zu berufen. Die von der Partei gewünschten und im ganzen Kreisgebiet regelmäßig abzuhaltenden Schulungen für den Fall eines Gasangriffs nutzte er, um Gegenpropaganda zu betreiben. Ein mutiges und

Abbildung 10: Theobald Wirth, "Straßenmeister" in Weilheim und Führer des "Entgiftungszuges". Foto: © Stadtarchiv Weilheim.

zugleich hochgefährliches Unterfangen.[21] Nicht nur einmal stand er kurz vor einer Verhaftung, erschien aber den Verantwortlichen aufgrund seiner enormen Fachkenntnis als nur schwer ersetzbar. Zudem deckten ihn mehrere hoch angesehene Bürger.[22] Auch die in seiner Obhut stehenden Kriegsgefangenen muss er wohl anständig behandelt haben – was sich nach ihrer Befreiung bei Kriegsende für die Bevölkerung als Vorteil erweisen sollte.[23]

---

[21] Wer offenen Widerstand wagte, wurde auf brutalste Art und Weise verfolgt. Ständig drohte die Einweisung in ein „Konzertlager" um „Flötentöne" zu erlernen – so die höhnische Verniedlichung der menschenverachtenden Konzentrationslager durch den NS-Parteiapparat.

[22] Zu diesen zählte z. B. der Weilheimer Kreisapotheker Heinrich Schuster. Details dazu schildert der Autor in seinem Buch „Kriegsende in Weilheim".

[23] Die französischen Kriegsgefangenen bedankten sich bei ihm schriftlich für die menschenwürdige Behandlung, ein Vorgang, der seinesgleichen sucht. Nach der Befreiung Ende April 1945 von den US-Truppen vorübergehend als Hilfspolizisten eingesetzt verhinderten sie im Gegenzug manche Plünderung und Gewalttat.

3. Rüstungsbetriebe rund um Murnau

Ab Mitte 1943 wendete sich das Blatt. Hitlers Großdeutschland wechselte an den überdehnten Fronten von Sieg auf Niederlage. Gleichzeitig gefährdeten die zunehmenden Angriffe alliierter Bomber auf die Fabriken des Reiches die Rüstungsproduktion. Umso wichtiger erschien deshalb die Entwicklung neuer noch leistungsfähiger Jagdflugzeuge. Reichsmarschall Göring und die SS wollten hier den technischen Fortschritt sicherstellen und ordneten an, die Forschung an neuen Waffen entweder unterirdisch weiter zu führen oder wenigstens bestens zu tarnen. Deshalb begann bei den Herstellern eine Verlagerung der wichtigsten Konstruktionsabteilungen in den weniger gefährdeten Süden des Reiches. So gelangte, natürlich streng geheim und von der Bevölkerung unbemerkt, militärische Spitzentechnologie in die Umgebung von Murnau. Warum gerade hierher? Das lag an persönlichen Vorlieben bestimmter Personen. Da gab es zum einen Willy Messerschmitt, er hatte seinen Wohnsitz am Staffelsee.[24] Die Jagdflugzeuge der Messerschmitt AG bildeten das Rückgrat der Luftwaffe Görings, allein zwei Drittel aller Jagdmaschinen produzierte diese Firma. Eine konsequente Weiterentwicklung der Flugzeugmuster lag deshalb im besonderen Interesse der Nationalsozialisten. Geld spielte dabei genauso keine Rolle wie die oftmals tödlich verlaufende Ausbeutung von tausenden Zwangsarbeitern.

---

[24] Er mietete das nach dem Tode des Murnauer Mäzens Loeb leerstehende großzügige Landhaus Gut Hochried am Südufer des Staffelsees. Als Vermieter trat der „Reichskommissar für die Behandlung feindlichen Vermögens" auf, denn am 15. Januar 1940 erließ der Vorsitzende des Ministerrats für die Reichsverteidigung, Herman Göring, eine Verordnung über den Umgang mit „feindlichem Vermögen". Deutsches Reichsgesetzblatt Teil I 1867-1945 (ny.gov) Mit Hitlers Kriegserklärung an die USA am 11. Dezember 1941 fiel auch das Erbe des bereits am 27. Mai 1933 verstorbenen US-Bürgers James Loeb unter diese Verordnung und wurde beschlagnahmt.

Abbildung 11: Willy Messerschmitt, rechts, im Gespräch mit Rudolf Heß, dem Stellvertreter Hitlers in seiner Funktion als Parteivorsitzender. Foto: Privat.

Bereits seit 1941 nutzte die Messerschmitt AG die leerstehende Conrad-von-Hötzendorf-Kaserne in Oberammergau.[25] Jetzt kam es zur aufwändigen Erweiterung der Anlage. Im angrenzenden Berg Laber entstand ein geräumiges Stollensystem mit Montage-

---

[25] Im Rahmen der bereits beschriebenen Kasernenbau-Offensive entstand hier 1935 eine moderne militärische Unterkunft für eine Nachrichtenabteilung der Gebirgstruppen. Die Soldaten mussten 1941 im Zuge des Balkanfeldzuges ausrücken, anschließend stand die Liegenschaft leer. Siehe dazu: Die NATO School Oberammergau - Eine unbekannte Ausbildungseinrichtung? • Fachportal für Wehrmedizin & Wehrpharmazie (20.08.2022)

und Werkstatteinrichtungen. Zug um Zug[26] verlegte dann die bisher in Regensburg und Augsburg-Haunstetten angesiedelte Entwicklungsabteilung der Firma in die neue „Oberbayerische Forschungsanstalt" (OFA O'gau), so der Tarnname.

Dazu zählte eine Außenstelle in Eschenlohe. Die ursprüngliche Straßenführung der Reichsstraße 2 von München nach Garmisch-Partenkirchen hatte dort zwei schienengleiche Überfahrten. Im Zuge der prestigeträchtigen Vorbereitungen zur Winterolympiade 1936 kam es an dieser Stelle zum Neubau eines zwei Kilometer langen Straßenabschnitts. Mit Hilfe zweier Tunnel, 60 Meter und 230 Meter lang, konnte man die Bahnübergänge umgehen. Beide Bauwerke erhielten eine leistungsfähige Stromversorgung. Die

Abbildung 12: Die beiden Tunnel an der "Olympiastraße" bei Eschenlohe mit Blick nach Norden, erstellt vom Landbauamt Weilheim. Der nördliche ist mehr als doppelt so hoch wie für die Straßenführung erforderlich, er ist ein rechteckiger betonierter Bunker. Foto aus „Bayern im Vierjahresplan", 1938, S. 125, public domain; Bearbeitung durch den Autor.

---

[26] Im wahrsten Sinne des Wortes, Oberammergau hat einen elektrifizierten Bahnanschluss. Das vereinfachte den Transport der umfangreichen Anlagen deutlich.

überdimensionierte Ausführung des größeren Tunnels mit zwei Stockwerken samt betonierter Deckenkonstruktion lässt auf eine damals schon angedachte spätere militärische Nutzung schließen. Das klassisch halbrunde Tunnelportal tarnte diese Verwendungsmöglichkeit.[27] Der Umbau in eine abgeschirmte Montagehalle für Prototypen neuer Flugzeugmodelle gestaltete sich deshalb recht einfach.[28]

Abbildung 13: Eine Me 262 war mit ihren beiden Strahltriebwerken etwa 200 km/h schneller als alliierte Jagdflugzeuge. Die Sprengmunition ihrer vier 30-mm-Maschinenkanonen hatte Verzögerungszünder und explodierte erst einige Zehntelsekunden nach dem Aufprall – also innerhalb des getroffenen Flugzeugs. Der Pilot war durch kugelsicheres Glas in der Frontscheibe geschützt. Foto: US National Archives NARA 342-FH-000304, public domain.

---

[27] Stolz berichtet das NS-Werk „Bayern im ersten Vierjahresplan" auf S. 291 f. von der raschen Bauausführung und den erheblichen Kosten: 652.000 Reichsmark. Zur Info: Der durchschnittliche Monatslohn eines Facharbeiters lag damals bei 230 RM.
[28] Tarnname dieser Einrichtung: „Ente". Es kam hier auch zu einem größeren Einsatz von bis zu 400 Zwangsarbeitern, zumeist aus Italien. Aufsicht führte eine SS-Einheit. Siehe dazu: NSO > Organization > History > By Time Period > First Steps after WW II (nato.int) (02.11.2022)

Insgesamt befassten sich in der OFA O'gau über 2.200 technisch versierte Mitarbeiter mit der (Weiter-)Entwicklung neuartiger Flugzeuge.[29] Der Erstflug eines „Düsenjägers", der mit zwei Strahltriebwerken ausgestatteten „Me 262" (wobei „Me" für „Messerschmitt" steht) sorgte für Furore. Als dann am 26. November 1943 Willy Messerschmitt mit vermutlich einigem Ingenieurstolz Adolf Hitler ein serienreifes Modell vorstellte, war dieser wenig angetan. Deutschland brauche jetzt keine Jagdflugzeuge, meinte der „Führer". Ob Messerschmitt denn das Flugzeug zu einem Bomber umbauen könne? Die Experten der Luftwaffe waren sprachlos. Sie hätten das mit vier Maschinenkanonen bewaffnete und dank des neuartigen Antriebs schnellste Jagdflugzeug der Welt nur zu gerne bestellt, konnten sich aber lange nicht durchsetzen. Erst im Frühjahr 1944 erlaubte Hitler den Bau in zunächst geringen Stückzahlen.[30]

In Oberammergau arbeitete Messerschmitt sogar an einem noch leistungsfähigeren Strahlflugzeug mit nur einem Triebwerk im Rumpf. Bei Kriegsende stand der Prototyp mit der Bezeichnung P.1101 mit verstellbaren Tragflächen kurz vor der Fertigstellung. Die US-Army transportierte den Prototyp zusammen mit den Konstruktionsunterlagen im Mai 1945 umgehend in die USA. Daraufhin überarbeitete die US-Firma North American Aviation ihren Entwurf eines Jagdflugzeuges radikal und stellte zwei Jahre später die dem deutschen Jäger verblüffend ähnliche „F 86 Sabre" vor. Mit fast 10.000 produzierten Exemplaren ein Erfolgsmodell, das von Messerschmitts P.1101 stark profitierte.[31]

---

[29] Vgl. Oberbayerische Forschungsanstalt – Wikipedia (21.08.2022

[30] Siehe dazu: Messerschmitt Me 262 – Wikipedia (20.08.2022) Erst im Oktober 1944 kam es erstmals zur Auslieferung von mehr als 100 Flugzeugen im Monat an die Truppe. Das monatliche Produktionsmaximum lag mit 296 Stück im Februar 1945 (Berechnungen des Autors).

[31] Siehe dazu: North American F-86 – Wikipedia (20.08.2022). Einer der deutschen Ingenieure setzte sich im Frühjahr 1945 mit Kopien der Konstruktionsunterlagen in

Abbildung 14: Der in Oberammergau sichergestellte Prototyp Messerschmitt P.1101 mit Strahl-Triebwerk. Foto: US National Archives, NARA, public domain.

In Murnau hatte noch ein weiterer wichtiger Ingenieur seinen Wohnsitz, Walther Zarges. Als Spezialist für die Verarbeitung von Aluminium hatte er in Stuttgart ursprünglich einen kleinen Betrieb, den er jedoch auf Weisung der Regierung im Jahr 1938 verlegen musste, als seine Mitarbeiterzahl die 100 überschritt. Hitler wollte keine Ballung von rüstungswichtigen Großbetrieben an einem Ort und Aluminium galt als Metall der Zukunft. Walther Zarges sollte sich woanders einen Standort suchen, um wachsen zu können. Keine einfache Aufgabe, denn in Hitlers Deutschland wuchs die Bürokratie sogar noch schneller als die Wehrmacht. Landesplaner, Wehrwirtschaftsführer, Reichsluftfahrtministerium und rund zwanzig weitere Behörden hatten hier mitzureden. Ende April 1939 traf man sich in München bei Generalmajor

die Schweiz ab. Der Projektleiter der schwedischen Flugzeugfirma Saab prüfte im Herbst 1945 die Unterlagen, erkannte deren Bedeutung und produzierte daraus den Jäger Saab 29. Siehe dazu: Saab 29 – Wikipedia (20.08.2022)

Roesch, dem Wehrwirtschaftsführer VII. Dieser übernahm auf altbayerische Art die Koordinierung mit den Worten: „Nu kenn ma olle Vorschriftn, nu woll'n ma schaun, wie ma's umgehn!" Das hatte Erfolg, danach fiel die Entscheidung für Weilheim als neuen Betriebsstandort. Privat ließ sich Walther Zarges für seine Familie in Murnau ein Wohnhaus errichten.[32] Ab 1942 gab es auch eine Zweigfertigung in Garmisch.

Walther Zarges war mit dem Raketenpionier Wernher von Braun befreundet. Ihm hatte er Jahre zuvor bei der Produktion eines Aluminium-Raketentriebwerks geholfen.[33] Von Braun fungierte

Abbildung 15: Das Zarges-Werk in Weilheim am Bahnhof. Ein Aluminium verarbeitender kriegswichtiger Betrieb, erfolgreich getarnt als "Milchhof" mit Gleisanschluss. Foto: © Stadtarchiv Weilheim

---

[32] Niederschrift des Firmengründers Dipl.-Ing. Walther Zarges.
[33] Am 8. 11. 1933 bestätigte das Heereswaffenamt Wa/Prüf/1/1, dass die von der Firma Walther Zarges & Co. Stuttgart gefertigten Raketen-Brennkammern erfolgreich getestet wurden. Von da an lieferte die Firma Zarges alle Leichtmetallbauteile für das Raketenprojekt. Quelle: Archiv für Technikgeschichte, Deutsches Museum München und persönliche Aufzeichnungen von Dipl.-Ing. Walther Zarges.

Abbildung 16: Die Rakete vom Typ A 4 (V 2). Länge: 14 Meter. Nutzlast: 750 kg Sprengstoff. Reichweite über 300 km. Dienstgipfelhöhe der Flugbahn: 80 – 100 km. Bild: US National Archives NARA 111-SC-232840, public domain.

als technischer Direktor der Versuchsanstalt Peenemünde an der Ostsee und entwickelte dort mit viel wissenschaftlichem Ehrgeiz die weltweit ersten Raketen. Hitler wollte sie gegen England zum Einsatz bringen, als „Vergeltungswaffen". Die Version A4 (V2) flog mit über 4-facher Schallgeschwindigkeit bis zu 300 Kilometer weit — unerreichbar für feindliche Abwehrmaßnahmen. Das geheime Entwicklungsprojekt blieb jedoch nicht unbemerkt. Am 18. Oktober 1943 erfolgte ein gewaltiger britischer Luftangriff auf die Anlagen bei Peenemünde — mit erheblichen Schäden.[34]

Ähnlich wie Messerschmitts Konstruktionsabteilung musste also auch diese Fabrikationsstätte umziehen, um weiteren Angriffen zu entgehen. Für die Endmontage der Raketen fand sich relativ rasch ein neuer Produktionsort in Nordhausen/Thüringen.[35] Die Anforderungen an einen neuen geschützten Standort für das Aerodynamische Institut der Heeresversuchsstelle Peenemünde definierte Wernher von Braun. Ihm war klar, dass nicht nur der Antrieb, sondern auch die Form der Rakete die Flugeigenschaften beeinflusste. So forderte er einen leistungsfähigen Windkanal, um die Aerodynamik seiner Flugkörper zu optimieren.[36]

Es ist zu vermuten, dass hier Synergieeffekte eine Rolle spielten, denn so ähnlich muss wohl auch Willy Messerschmitt gesprochen

---

[34] Die „Operation Hydra" der Royal Air Force am 17. August 1943 beschädigte die Fabrik auf Usedom erheblich. Durch eine falsche Zielmarkierung trafen viele Bomben vor allem die Unterkünfte der Zwangsarbeiter, mindestens 612 von ihnen kamen ums Leben. Siehe dazu: Operation Hydra – Wikipedia (21.08.2022)

[35] In einem Bergwerk mussten KZ-Häftlinge unter unmenschlichen Bedingungen die Raketen zusammenbauen, mindestens 20.000 Gefangene überlebten das nicht. Wernher von Braun muss von dieser Anlage, „Dora-Mittelbau" genannt, gewusst haben. Siehe dazu: https://www.buchenwald.de/de/617/ (21.08.2022)

[36] Schon bei einem einfachen Artilleriegeschoss hängen 50 % der Reichweite von dessen aerodynamischen Eigenschaften ab. Diese Erkenntnis geht auf Dr. Rudolph Hermann von der Technischen Universität Aachen zurück, er hatte dabei einen relativ einfachen Windkanal für seine Messungen zur Verfügung. Ab 1937 forschte er mit einem verbesserten Windkanal bei v. Braun in Peenemünde. Siehe dazu Kapitel 2.2 bei: https://www.grin.com/document/28223 (21.08.2022)

haben, auch er wollte eine Verbesserung der Aerodynamik seiner Flugzeuge und forderte einen Windkanal in seiner Nähe.

Die idealen Voraussetzungen dafür bot das Walchenseekraftwerk in der Nachbarschaft. Hier, in Kochel, standen die erforderlichen 57 Megawatt (!) elektrischer Leistung für den Betrieb der nun noch größer geplanten aerodynamischen Anlage zuverlässig zur Verfügung. Die Reichsstelle für Landbeschaffung am Oberkommando der Wehrmacht enteignete dazu mehrere Grundstücke, um neben dem Kraftwerk und im Ort eine neue „Wasserbau-Versuchsanstalt" (WVA)[37] entstehen zu lassen. Ein weiterer Tarnname, in Wirklichkeit verbarg sich dahinter der modernste und mit Abstand größte Windkanal der Welt. Schon ein Jahr später konnte Wernher von Braun seine Ingenieure hier arbeiten lassen und natürlich auf dem Weg dorthin des Öfteren seinen Freund Walther Zarges in Murnau besuchen.

Auch Willy Messerschmitt ließ dort aerodynamische Tests am Flugzeugmuster Me 262 durchführen. Die Ergebnisse führten zu Optimierungen in der Produktion. In diesem Zusammenhang sei auch das „Dampfsägewerk Reichhart" in Murnau-Grafenaschau erwähnt. Die dortigen Holz-Spezialisten fertigten Rumpf- und Flügelteile für die Prototypen der Messerschmitt-Flugzeuge. Gegen Kriegsende auch für die Konkurrenz-Firma Dornier aus Oberpfaffenhofen bei München. Holz erwies sich als brauchbare und günstige Alternative zu den gängigen Leichtmetall-Konstruktionen. Es gab zwar keinen Mangel an Aluminium,[38] jedoch an Facharbeitern, die das Metall schweißen konnten.

---

[37] Der vollständige Name der nun selbständigen militärischen Forschungseinrichtung lautete „Aerodynamisch-Ballistische Versuchsanstalt Kochelsee G.m.b.H", zum Direktor ernannte das Oberkommando der Wehrmacht Dr. Rudolph Hermann. Das Personal (über 200 Personen) musste das Dorf in Gasthäusern und Pensionen per Zwangseinquartierung aufnehmen. Siehe dazu: (Klapdor 2004), S. 29.

[38] Die Rohstoffe dazu, Bauxit und nicht-bauxitische Alumina, kamen aus der Oberpfalz, die Verarbeitung zu Aluminium erfolgte hauptsächlich in Töging am Inn.

4. Feindflugzeuge im Murnauer Land

Es dauerte lange, bis die ersten alliierten Kampfflugzeuge über Murnau flogen. Anfangs mussten die Bomber in England starten, Ziele in Norddeutschland lagen näher. Einige dachten schon, der Luftkrieg bliebe dem Oberland erspart. Doch ab Frühjahr 1943 zielten die Angriffe auch auf Oberbayern. Zur Vorsorge ließ die Marktgemeinde im Garten des Griesbräus einen betonierten Luftschutzbunker erstellen.[39] In zahlreichen Häusern erhielten die Kellerräume Verstärkungen. Bomben auf Murnau – ein nun

Boeing B-17 "Flying Fortress" in England on way to bombing target in Germany.

Abbildung 17: Eine Boeing B 17, wegen der beweglichen Maschinengewehre oben und unten zur Abwehr der Jagdmaschinen „fliegende Festung" genannt. Foto: US National Archives NARA, 342-FH-3A19564-A25505AC, public domain.

realistisches Szenario. Die Sorgen der Murnauer Zivilbevölkerung nahmen nochmals zu, als am 24. April 1944 eine „Fliegende Festung" in unmittelbarer Nähe abstürzte. An diesem Tag flogen 400 Bomber der Royal Air Force einen verheerenden Angriff auf

---

[39] Siehe (Raim 2021), S. 519

München. Hatten anfangs die feindlichen Maschinen noch hauptsächlich Flugplätze und Rüstungsbetriebe im Visier, landete der Bombenhagel nun mehr auf zivilen Zielen. Generalmajor Rudolf Roesch berichtet dazu in militärischer Sachlichkeit:

Am 24.April erfolgte ein Tagesangriff von etwa 600 Feindmaschinen auf den Bereich der Rü Jn VII. Jnsbesondere wurden betroffen: Messerschmitt Leipheim, Dornier-Werke Oberpfaffenhofen und Dornier-Reparaturwerft Oberpfaffenhofen, Messerschmitt Gablingen, sowie Luftzeugamt Erding. Jn allen vier Orten wurde neben Zerstörungen und mehr oder minder starken Beschädigungen von Werkhallen eine erhebliche Anzahl von Flugzeugen teils total, teils schwer beschädigt. An Personenschaden erlitt u.a. Messerschmitt Leipheim den Ausfall von vier Gefallenen und 18 Schwerverletzten.

Jn der folgenden Nacht vom 24./25. April wurde München von ca. 350 - 400 feindlichen Flugzeugen angegriffen, und zwar hauptsächlich mit Brandbomben. Rüstungsbetriebe erlitten verhältnismäßig wenig Schaden. Dagegen wurde wiederum besonders die Jnnenstadt mit historisch bekannten Bauten (Altes Rathaus, Residenz, Regierung von Oberbayern nebst ganzem Viertel, beide Pinakotheken, Kirchen, Museen etc.) sowie Verkehrseinrichtungen (Hauptpostamt, Hauptbahnhof, Ostbahnhof, Banken, Hotels etc.) schwer betroffen. Nach dem Abschluß-bericht des Polizeipräsidenten von München als örtlichen Luftschutzleiters vom 28.4.44 sind u.a. ca. 9 000 Phosphorbrandbomben und ca. 400 000 Stabbrandbomben abgeworfen sowie ca. 30 000 Personen obdachlos geworden. Es war der bisher schwerste Angriff auf die Stadt München.

Abbildung 18: Auszug aus dem Bericht des Inspizienten für die Rüstung im Wehrbereich VII München, Generalmajor Roesch, über die Angriffe am 24. und 25. April 1944. Quelle: US National Archives NARA T77-0353-0432, public domain.

Die 4. Flak-Brigade aus München feuerte aus allen Rohren. Dazu starteten knapp fünfzig deutsche Jagdflugzeuge und bekämpften die Bomber. Einer dieser Jäger schoss gegen 14 Uhr in der Nähe von Schlehdorf eine „Fliegende Festung" in Brand. Die gesamte zehnköpfige Besatzung konnte sich mit dem Fallschirm retten. Pilot Charles W. Parker und seine Soldaten sprangen aus ca. 2.000 Meter Höhe ab. Beim Aufprall verletzten sich zwei schwer (Wirbelbrüche), der Rest floh zu Fuß. Vier Tage später meldete der Gendarmerie-Meister Held aus Schlehdorf pflichtgemäß:

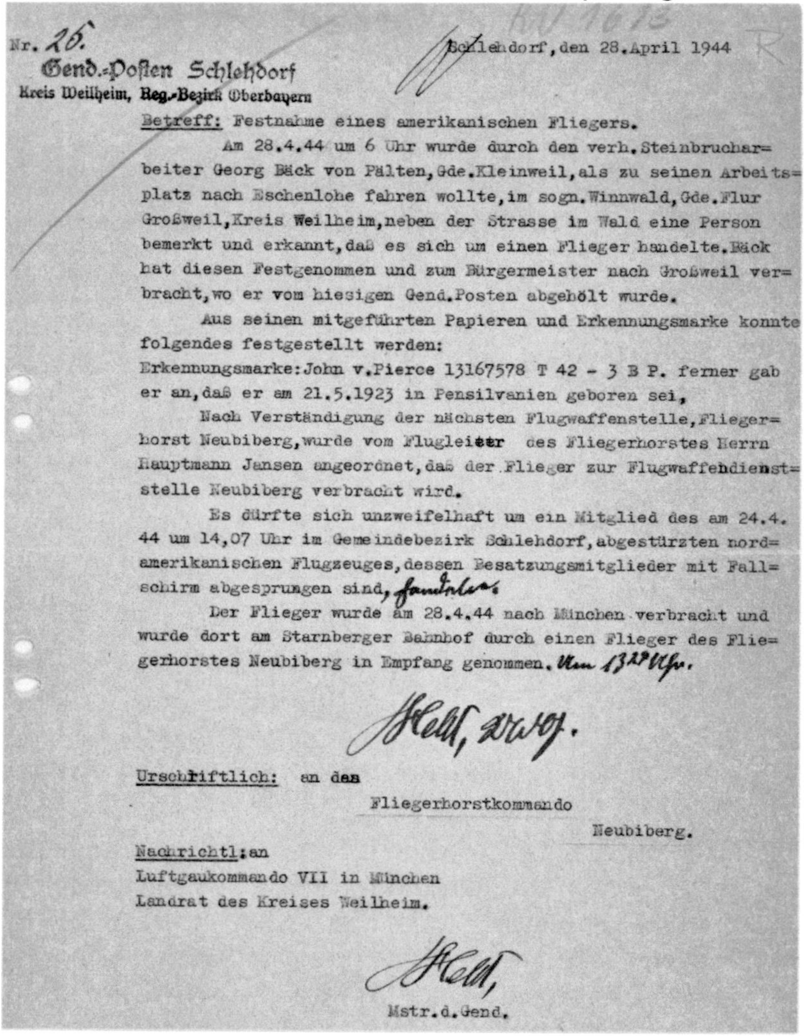

Nr. 25.

Gend.-Posten Schlehdorf
Kreis Weilheim, Reg.-Bezirk Oberbayern

Schlehdorf, den 28.April 1944

Betreff: Festnahme eines amerikanischen Fliegers.

Am 28.4.44 um 6 Uhr wurde durch den verh.Steinbruchar=
beiter Georg Bäck von Pälten,Gde.Kleinweil,als zu seinen Arbeits=
platz nach Eschenlohe fahren wollte,im sogn.Winnwald,Gde.Flur
Großweil,Kreis Weilheim,neben der Strasse im Wald eine Person
bemerkt und erkannt,daß es sich um einen Flieger handelte.Bäck
hat diesen festgenommen und zum Bürgermeister nach Großweil ver=
bracht,wo er vom hiesigen Gend.Posten abgehölt wurde.

Aus seinen mitgeführten Papieren und Erkennungsmarke konnte
folgendes festgestellt werden:
Erkennungsmarke:John v.Pierce 13167578 T 42 - 3 B P. ferner gab
er an,daß er am 21.5.1923 in Pensilvanien geboren sei,

Nach Verständigung der nächsten Flugwaffenstelle,Flieger=
horst Neubiberg,wurde vom Flugleiter des Fliegerhorstes Herrn
Hauptmann Jansen angeordnet,daß der Flieger zur Flugwaffehdienst=
stelle Neubiberg verbracht wird.

Es dürfte sich unzweifelhaft um ein Mitglied des am 24.4.
44 um 14,07 Uhr im Gemeindebezirk Schlehdorf,abgestürzten nord=
amerikanischen Flugzeuges,dessen Besatzungsmitglieder mit Fall=
schirm abgesprungen sind, *handeln*.

Der Flieger wurde am 28.4.44 nach München verbracht und
wurde dort am Starnberger Bahnhof durch einen Flieger des Flie=
gerhorstes Neubiberg in Empfang genommen. *Um 13²⁹ Uhr.*

Urschriftlich: an das
                Fliegerhorstkommando
                                    Neubiberg.

Nachrichtl: an
Luftgaukommando VII in München
Landrat des Kreises Weilheim.

                Mstr.d.Gend.

Abbildung 19: Meldung an das zuständige Fliegerhorst-Kommando in München-
Neubiberg (Anm. d. Verf.: Hptm Johannsen) über die Gefangennahme eines in
„Pensilvanien" geborenen Besatzungsmitglieds der Boeing B-17. Quelle: US
National Archives NARA 643795_Box228_FolderKU1613-006, public domain.

Der Rest der US-Besatzung kam nach Weiterleitung durch den Fliegerhorst Neubiberg ins „Durchgangslager Luft" (Dulag) nach Oberursel. Die Verletzen erhielten medizinische Versorgung.[40]

Der nächste Absturz ließ nicht lange auf sich warten. Am 17. Juli 1944 schoss ein deutsches Jagdflugzeug ein US-amerikanisches vom Typ P 51 C „Mustang" nahe Murnau ab. Die Maschine stürzte bei Grafenaschau auf ein Feld und brannte aus. Der US-Pilot überlebte den Fallschirm-Absprung aus geringer Höhe nicht.[41]

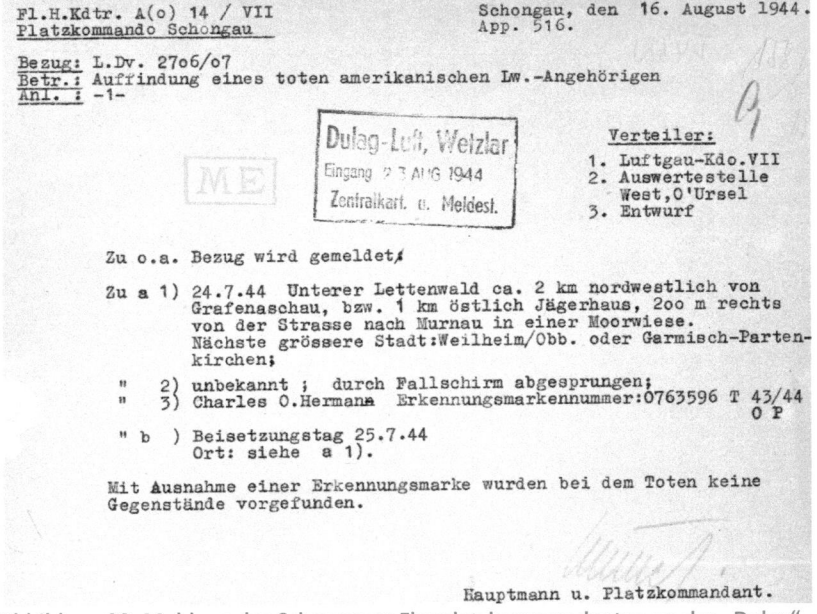

Abbildung 20: Meldung des Schongauer Flugplatzkommandanten an das „Dulag"-Luft. Der US-Pilot einer abgeschossenen P 51 Mustang kam ums Leben. Reprod. aus US National Archives NARA, ID 7062634_Box413_ME1589-007, public domain.

---

[40] Deutsche Soldaten der Genesenden-Kompanie des II. Bataillons des Gebirgsjägerregiments 98 bargen die beiden verletzten US-Soldaten und transportierten sie ins Lazarett nach Bad Tölz. Weitere Festnahmen der Flüchtenden erfolgten im Raum Mittenwald. Quelle: US National Archives NARA https://catalog.archives.gov/id/139546061 (21.08.2022)

[41] Siehe dazu die US-Akte: https://catalog.archives.gov/id/143477465 (21.08.2022)

Zwei Tage später, am 19. Juli 1944 zog ein weiterer US-Bomber eine Rauchfahne hinter sich her und stürzte bei Oberammergau in ein Waldstück. Glücklicherweise überlebte die zehnköpfige Besatzung. Pflichtgemäß meldeten die Gendarmen vor Ort auch den Fund möglicherweise wichtiger Unterlagen an die Auswertestelle in Oberursel. Was dabei auffällt: Die sonst übliche Grußformel „Heil Hitler" fehlt am Ende der Schreiben, passiver Widerstand?

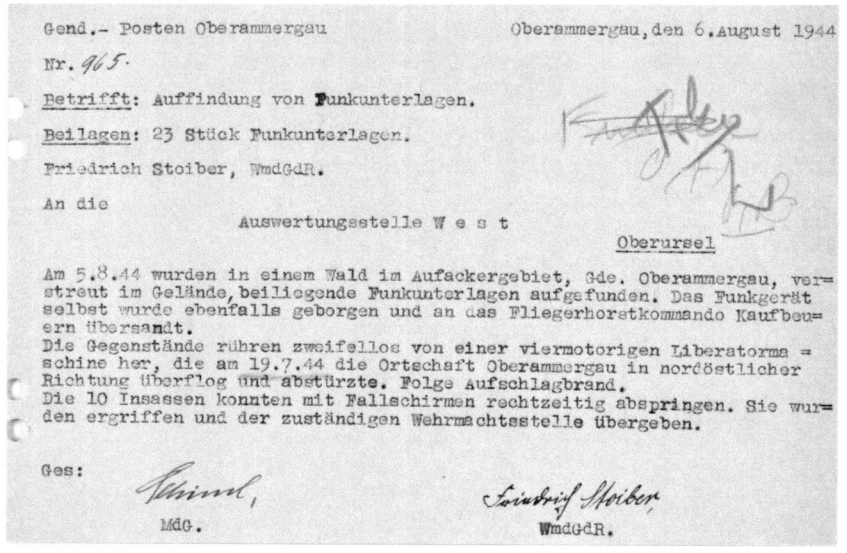

Gend.- Posten Oberammergau   Oberammergau,den 6.August 1944

Nr. 965.

Betrifft: Auffindung von Funkunterlagen.

Beilagen: 23 Stück Funkunterlagen.

Friedrich Stoiber, WmdGdR.

An die

               Auswertungsstelle W e s t

                             Oberursel

Am 5.8.44 wurden in einem Wald im Aufackergebiet, Gde. Oberammergau, ver=
streut im Gelände,beiliegende Funkunterlagen aufgefunden. Das Funkgerät
selbst wurde ebenfalls geborgen und an das Fliegerhorstkommando Kaufbeu=
ern übersandt.
Die Gegenstände rühren zweifellos von einer viermotorigen Liberatormaschine her, die am 19.7.44 die Ortschaft Oberammergau in nordöstlicher
Richtung überflog und abstürzte. Folge Aufschlagbrand.
Die 10 Insassen konnten mit Fallschirmen rechtzeitig abspringen. Sie wur=
den ergriffen und der zuständigen Wehrmachtsstelle übergeben.

Ges:

                MdG.   WmdGdR.

Abbildung 21: Wachtmeister der Gendarmerie der Reserve (WmdGdR.) Friedrich Stoiber meldet pflichtgemäß gefundene Funkunterlagen an das Dulag Oberursel. Reproduktion aus US National Archives NARA, ID 7347449, public domain.

Am 22. September 1944 krachte ein weiterer viermotoriger US-Bomber vom Typ B 24 Liberator auf die Stockerwies zwischen Aidling und Höhlmühle. Die Maschine war auf dem Rückweg nach Italien, hatte vorher über München ihre Bombenlast abgeworfen. Dabei zerstörte ein Flak-Treffer Motor 1, Treibstoff trat aus, eine brandgefährliche Situation. Pilot George W. Williams ließ über Kleinweil seine Besatzung mit Fallschirmen abspringen und lenkte die Maschine in freies Gelände. Kurz vor dem Aufschlag kam auch er noch mit dem Fallschirm wohlbehalten aus dem Flugzeug. Inzwischen rückte die Aidlinger Feuerwehr aus und bekämpfte den entstandenen Flächenbrand. Der US-Pilot sprach nach einiger Zeit einen Bauern an, dieser brachte ihn zum Bürgermeister. Legendär die Frage der Frau des Bürgermeisters an den übrigens auch in „Pensilvanien" geborenen Soldaten: „Host an Hunga?". Sie versorgte ihn mit einer tüchtigen Brotzeit, bis der Gendarm aus Murnau mit dem Motorrad ankam und ihn abholte.[42]

Abbildung 22: Eine Staffel B 24 "Liberator" beim Bombenabwurf. Man erkennt an der vorne abgebildeten Maschine das Doppel-Maschinengewehr im Heck und am Rumpf unten zur Abwehr sich von hinten bzw. unten nähernder deutscher Jagdflugzeuge. Die Bordschützen saßen sehr beengt und bei Minusgraden in großer Höhe stundenlang ohne Heizung. Foto: US National Archives NARA ID 342-FH-3A04898-61597AC, public domain.

---

[42] Siehe dazu die eindrucksvolle Schilderung von Karl Wolf in (Riegsee 2015), S. 119 ff. und US-Akte: https://catalog.archives.gov/id/143483790 (21.08.2022)

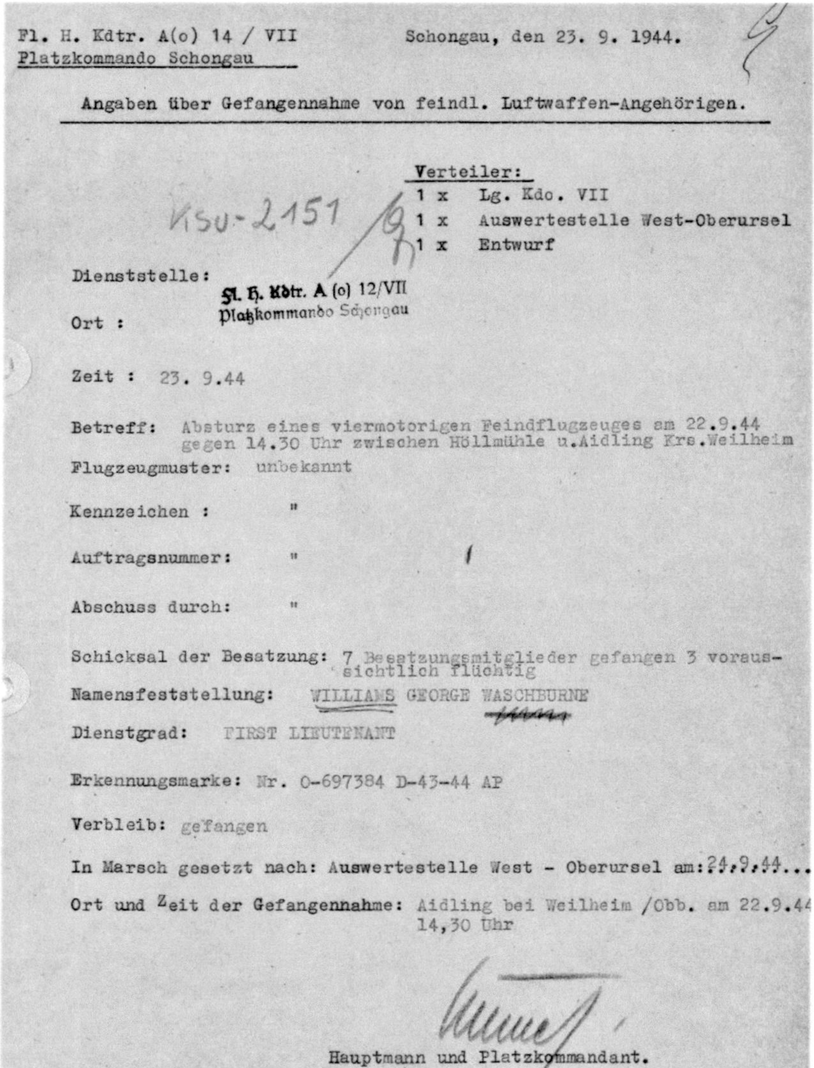

Fl. H. Kdtr. A(o) 14 / VII   Schongau, den 23. 9. 1944.
Platzkommando Schongau

Angaben über Gefangennahme von feindl. Luftwaffen-Angehörigen.

Verteiler:

1 x   Lg. Kdo. VII
1 x   Auswertestelle West-Oberursel
1 x   Entwurf

KSU-2151

Dienststelle:

      Fl. H. Kdtr. A (o) 12/VII
      Platzkommando Schongau

Ort :

Zeit : 23. 9.44

Betreff: Absturz eines viermotorigen Feindflugzeuges am 22.9.44
      gegen 14.30 Uhr zwischen Höllmühle u.Aidling Krs.Weilheim

Flugzeugmuster: unbekannt

Kennzeichen :   "

Auftragsnummer: "

Abschuss durch: "

Schicksal der Besatzung: 7 Besatzungsmitglieder gefangen 3 voraus-
      sichtlich flüchtig

Namensfeststellung: WILLIAMS GEORGE WASCHBURNE

Dienstgrad: FIRST LIEUTENANT

Erkennungsmarke: Nr. 0-697384 D-43-44 AP

Verbleib: gefangen

In Marsch gesetzt nach: Auswertestelle West - Oberursel am:24.9.44...

Ort und Zeit der Gefangennahme: Aidling bei Weilheim /Obb. am 22.9.44
      14,30 Uhr

Hauptmann und Platzkommandant.

Abbildung 23: Meldung des Fliegerhorstes Schongau über die Gefangennahme des US-Piloten. Quelle: US National Archives NARA, ME-2151, public domain.

Anfang 1945 hatten die Alliierten endgültig die Luftüberlegenheit errungen. Zusätzlich zu den Bombardements auf Fabriken und Städte kamen jetzt Tieffliegerangriffe auf Brücken, fahrende Züge, jede Art von Fahrzeugen, ja sogar auf Ochsengespanne und einzelne Personen. Die in der Zeitung stehenden Warnungen sollte jeder ernst nehmen:

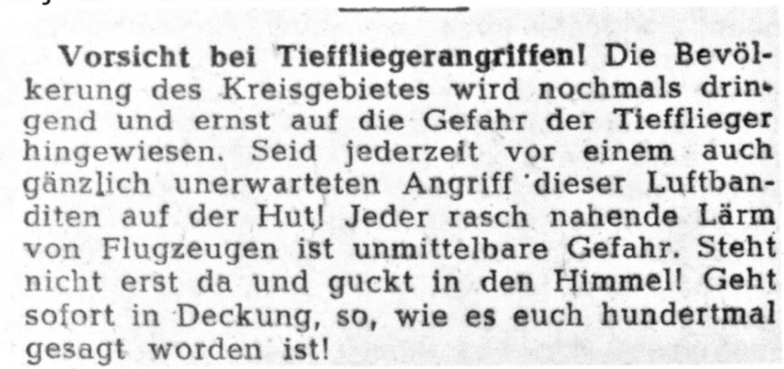

> **Vorsicht bei Tieffliegerangriffen!** Die Bevölkerung des Kreisgebietes wird nochmals dringend und ernst auf die Gefahr der Tieffliegerhingewiesen. Seid jederzeit vor einem auch gänzlich unerwarteten Angriff dieser Luftbanditen auf der Hut! Jeder rasch nahende Lärm von Flugzeugen ist unmittelbare Gefahr. Steht nicht erst da und guckt in den Himmel! Geht sofort in Deckung, so, wie es euch hundertmal gesagt worden ist!

Abbildung 24: Aufruf in der Kreiszeitung "Weilheimer Tagblatt" vom 21. Januar 1945. Public domain.

Am 1. März 1945 erspähten die Piloten zweier P 51 „Mustang" US-Jagdflugzeuge den in der Kurve am Murnauer Kapferberg langsam bergab fahrenden Mittags-Personenzug nach Garmisch-Partenkirchen. Sie eröffneten mit ihren jeweils sechs schweren Maschinengewehren im Sturzflug das Feuer. Mehrere Geschoßgarben durchlöcherten Fenster und Waggondächer. Danach drehten die Jagdflugzeuge ab und flogen noch einen zweiten Angriff auf den mittlerweile stehenden Zug. Dabei starben 12 Menschen, etwa 60 weitere trugen zum Teil schwere Verletzungen davon. Eine Gegenwehr gab es nicht, die im Zug mitfahrenden wenigen Soldaten hatten nur Handfeuerwaffen. Die nationalsozialistische Propaganda tat sich schwer mit Meldungen über Niederlagen. Erst ein Monat später erschien ein Bericht in der „Weilheimer Zeitung", der natürlich die Tapferkeit der mitfahrenden Soldaten groß herausstellte. Diese hatten bei der Bergung und Versorgung der Verwundeten tatsächlich sehr geholfen – genauso wie die Wohnbevölkerung vor Ort.

Abbildung 25: Zwei Soldaten bestücken die rechte Tragfläche einer P 51 "Mustang" mit einer gut 250 kg schweren Mehrzweckbombe (500 lbs.). Der Pilot, erkennbar an der lammfellgefütterten Lederjacke, prüft die Montage. Die Piloten benötigten Kälteschutz auch im Sommer – in den Flughöhen der Maschinen herrschten Minusgrade. Foto: US National Archives NARA 342-FH_000784a, public domain.

Ein weiterer Zwischenfall ereignete sich am 8. April 1945. Die alliierten Jagdflugzeuge führten damals unter den Tragflächen zwei, manchmal vier kleinere Bomben mit, um „härtere" Flächenziele bekämpfen zu können. Beim Rückflug zum Flugplatz eher ein Hindernis und zudem eine Gefahr bei einer unsauberen Landung. So warfen die Piloten die Bomben gerne am Ende des Einsatzes ab, am besten auf „lohnende Ziele". Auf dem Rückweg nach Italien gelang dem Flugzeugführer einer P 51 Mustang dabei an diesem Tage ein besonderes „Kunststück". Er traf aus einiger Höhe exakt die Loisachbrücke bei Achrain. Eine Frau aus

Schwaiganger überquerte zu dieser Zeit die Brücke und fand bei der Explosion den Tod.

Der folgenreichste Luftangriff im Kreisgebiet geschah am 19. April 1945, einem warmen Frühlingstag. Weshalb? Die 15. US-Luftflotte mit mehr als 80.000 Mann und über 1.000 Flugzeugen hatte zu dieser Zeit ihre Basen in Süditalien. Bomber sollten die nördlichen Bahnzulaufstrecken in die Alpen unterbrechen. Das alliierte Oberkommando befürchtete einen großangelegten Rückzug der noch kampfkräftigen SS-Divisionen und wichtiger Nazi-Größen aus dem Reichsgebiet in eine vermeintliche „Alpenfestung" (National Redoubt). Das galt es zu verhindern.

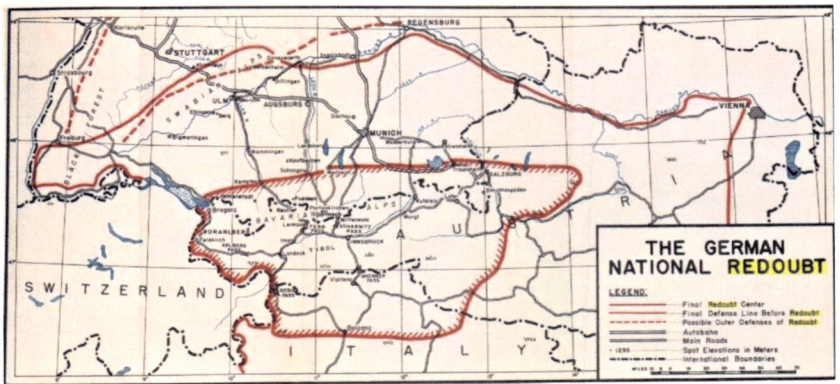

Abbildung 26: Das US-Oberkommando vermutete im Bereich der Alpen eine Art Festung mit unterirdischen Fabriken und bestens ausgestatteten Verteidigungsanlagen - ein deutsches Rückzugsgebiet für die SS und Nazi-Führer, das "National Redoubt". Foto: US National Archives NARA, public domain.

Am 18. April war die Bahnstrecke München-Kufstein-Innsbruck an der Reihe. 200 Bomber verwüsteten mit 1.300 Sprengbomben den Bahnknoten Rosenheim.[43] Das Ziel für den nächsten Tag: Die Trasse München-Mittenwald-Innsbruck. Die 14. Fighter Wing

---

[43] Siehe dazu: https://www.stadtarchiv.de/stadtgeschichte/rosenheim-im-20-jahrhundert/1940-1949/luftschutz-und-luftangriffe/(22.08.2022)

bekam den Bahnknoten Weilheim als primäres Ziel zugewiesen. Nur verfügte diese US-Einheit nicht über große, viermotorige Bomber, sondern lediglich über die kleineren, zweimotorigen P 38 „Lightnings". Ein Riesenglück für die Weilheimer, denn diese Flugzeuge konnten wegen des 1.000 km langen Anmarschweges aus dem Raum Foggia in Süditalien nur eine kleinere Anzahl an Bomben transportieren, sie benötigten den Platz für zusätzliche Außentanks.

Abbildung 27: Eine P-38 Lightning auf dem Feldflugplatz. Zwischen Rumpf und den Motoren sind die beiden je 300 Gallonen (ca. 1136 Liter) fassenden Außentanks zu erkennen. Foto: US National Archives NARA, 342-FH_000063, public domain.

Um mit der geringeren Bombenmenge die gewünschte Wirkung erzielen zu können, plante der leitende US-Kommodore eine „dive bomb attack", also einen präzisen Abwurf im Sturzflug.

Der zweieinhalbstündige Flug über die Adria und die Alpen verlief problemlos. Bei klarem Wetter erreichten die ersten Maschinen Weilheim am späten Vormittag und fotografierten das Zielgelände: Es gab keine Flugabwehr und nach Angaben von Zeitzeugen keine rechtzeitige Warnung durch Alarmsirenen. Auf einem Abstellgleis stand schon seit Tagen ein langer Lazarett-Zug mit 24 Wagen, darin über 400 ungarische verwundete Soldaten. Die geplante Weiterfahrt nach Garmisch hatte sich verzögert, die dortigen Behelfslazarette konnten keine weiteren

Soldaten aufnehmen.[44]. Alle 22 Waggons des Zuges trugen auf den Dächern große Rot-Kreuz-Zeichen.

Abbildung 28: Foto der 14th Fighter Wing kurz vor dem Angriff auf Weilheim am 19. April 1945. Auf dem mittleren Gleis der ungarische Lazarett-Zug mit den Rot-Kreuz-Markierungen auf den Waggondächern. Am Bildrand unten das Zarges-Werk. Die Krater im Feld darüber stammen von einem älteren Bombenfehlwurf. Foto: US National Archives NARA 342-FH_001187, public domain.

---

[44] Die Behelfs-Lazarette in Garmisch-Partenkirchen waren zu dieser Zeit hoffnungslos überfüllt. Mehr als 12.000 verwundete Soldaten konnten in Schulen, Gasthäusern und Pensionen nur eine notdürftige Versorgung erhalten. (Brückner 1987), S.

In drei Wellen beschossen die 78 P 38 Lightnings den Bahnhof und Gebäude in unmittelbarer Nähe mit ihren Bordwaffen. Die im Sturzflug abgeworfenen Sprengbomben explodierten nicht alle. Einige erreichten den Boden unscharf,[45] andere hatten

Abbildung 29: Die Aufnahme entstand während des Angriffs und zeigt die verwüsteten Gleisanlagen. Eine angreifende P 38 Lightning ist zu erkennen (roter Kreis). Foto: US National Archives NARA, 342-FH_001191, public domain.

---

[45] Um Katastrophen bei Bruchlandungen zu vermeiden, erfolgte das Entsichern der Sprengkörper erst nach dem Abwurf mit Hilfe eines kleinen Windrades am Heck der Bombe. Bei einem Abwurf im Tiefflug drehte sich das Rad oft nicht lange genug, um sie scharf werden zu lassen – die Bombe landete in gesichertem Zustand.

Produktionsfehler. Der militärische Erfolg des Angriffs hielt sich in Grenzen. Bereits am nächsten Tag war ein Arbeitskommando aus dem KZ Dachau vor Ort und die Häftlinge reparierten ein Gleis; am Abend fuhr schon wieder der erste Zug.

Abbildung 30: Ein US-Pilot fotografierte das Resultat des Angriffs. Ganz oben die brennende Halle 3 der Firma Zarges. Schwer getroffen auch das Bahnhofsgebäude und die Post. Foto: US National Archives NARA 342-FH_001189, public domain.

Die KZ-Häftlinge mussten auch beim Bergen und Entschärfen der Blindgänger helfen. Einige Sprengkörper lagen wegen der geringen Fallhöhe recht oberflächennah. Jedoch verschütteten manchmal Explosionen der nachfolgenden Abwürfe die zuvor noch oben liegenden Bomben. So fand man viele erst später bei Bauarbeiten.[46]

Beim Angriff gab es 24 Todesopfer und über 60 zum Teil schwer verletzte Personen, ganz überwiegend Zivilisten.[47] Dabei hätte in der Kreisstadt noch weit schlimmeres Unglück entstehen können. Einige Tage zuvor fuhr ein mit über 700 Tonnen Sprengstoff beladener Munitionszug aus Tutzing nach Weilheim und wartete auf die Weiterfahrt nach Augsburg. Er transportierte die Tagesproduktion der beiden großen Munitionsfabriken im Forst bei Wolfratshausen, dem heutigen Geretsried. Die explosive Fracht gelangte damals nur per Schiene an die Front.[48] Da die gewaltigen Bombenschäden am Münchner Hauptbahnhof den Bahnbetrieb dort nahezu zum Erliegen brachten, mussten die zwischen 25 und 35 Wagen langen Munitionszüge Umwege fahren. Die einzig intakte und für den Güterzug geeignete Bahnverbindung an die Westfront ging über die heute nicht mehr existente Strecke nach Bichl. Dort wechselte die Lokomotive, der tägliche Zug fuhr weiter nach Tutzing, dann über Weilheim und Augsburg nach Westen. Nicht auszudenken, wäre dieser Transport zum Zeitpunkt des Angriffs schon vor Ort gewesen.

---

[46] Bomben können auch nach 80 Jahren noch explodieren. Korrosion macht das Entschärfen gefährlich, daher die umfangreichen Evakuierungen. Ein Beispiel: https://www.br.de/nachrichten/bayern/entschaerfung-der-fliegerbombe-am-bahnhof-weilheim-erst-am-abend,QwAsOb0 (21.08.2022)

[47] Details beschreibt der Autor in seinem Buch: „Kriegsende in Weilheim".

[48] Dort befanden sich die von der Deutschen Sprengchemie und der Verwertchemie betriebenen größten Munitionsfabriken Südbayerns – bis 09.04.1945 unzerstört. Siehe dazu die informative Website: http://www.arbeitskreis-historisches-geretsried.de/ver%C3%B6ffentlichungen/heftserie-r%C3%BCstungswerke/7-1-warum-in-geretsried/(01.09.2022)

5. Lokaler Widerstand

Wie gnadenlos Hitlers Terrorregime mit Gegnern umging, konnte die einheimische Bevölkerung spätestens beim Prozess gegen den in Murnau geborenen Christoph Probst erkennen. Der junge Medizinstudent und Sanitätsfeldwebel verfasste als Mitglied der Widerstandsgruppe „Weiße Rose" eine Schrift gegen den Krieg der Nationalsozialisten und bezahlte dafür nach kurzem Prozess mit seinem Leben.[49] Größte Vorsicht war also geboten, Spitzel der „Geheimen Staatspolizei" konnten überall lauern.

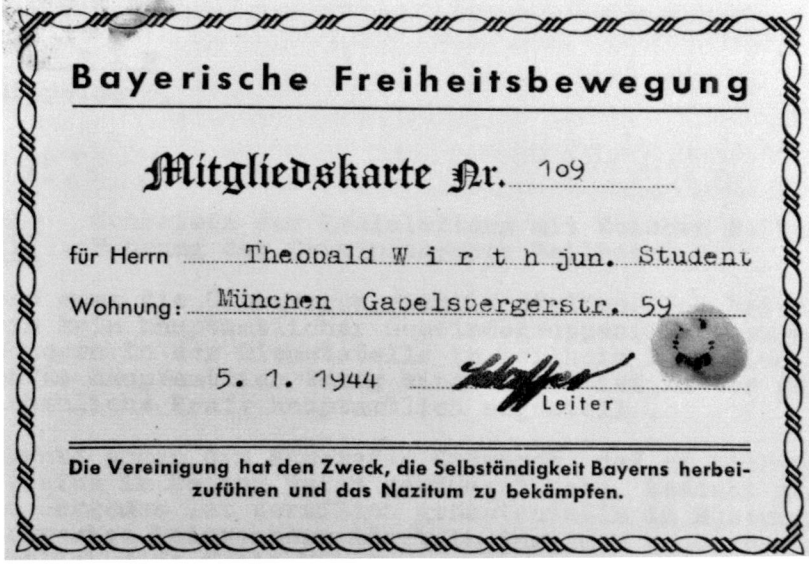

Abbildung 31: Der Weilheimer Theobald Wirth ist Mitglied einer der geheimen Freiheitsbewegungen. Todesgefahr, wenn die Karte in falsche Hände gerät. © Stadtarchiv Weilheim.

---

[49] Zusammen mit den Geschwistern Scholl stand er am 22. Februar 1943 vor dem „Volksgerichtshof" in München. Der Prozess endete mit Todesurteilen und Hinrichtungen noch am gleichen Tag. Siehe dazu Gedenkstätte Deutscher Widerstand - Biografie (gdw-berlin.de) (01.10.2022)

Trotzdem bildeten sich besonders in Oberbayern mehrere kleine, verschworene Widerstandsgruppen. In einigen wirkten Mitglieder aus Murnau und Umgebung mit.[50]

Nach dem gescheiterten Attentat auf Hitler am 20. Juli 1944 spitzte sich die Situation für die bayerischen Widerständler zu. Die reichsweiten intensiven Ermittlungen der Gestapo lähmten die meisten Unternehmungen für Monate.[51] Erst im November 1944 fanden unter strengster Geheimhaltung im Raum München wieder koordinierende Gespräche statt. Ziel war es, Bayern möglichst kampflos den alliierten Bodentruppen zu übergeben, um weitere Zerstörungen und sinnloses Blutvergießen zu vermeiden. Dazu musste die Gauleitung rechtzeitig gestürzt und die SS entwaffnet werden. Gleichzeitig galt es, die US-amerikanische Militärführung vertraulich über die Vorhaben zu informieren. Dazu reiste im März 1945 der mit den Plänen vertraute Referent im Auswärtigen Amt, Heinz-Adolf Freiherr von Heintze, unter einem Vorwand in die Schweiz. Dort traf er in Bern den Sondergesandten des US-Nachrichtendienstes (OSS), Allen Dulles.[52] Dieser zeigte großes Interesse an den bayerischen Plänen. Ein US-Funker sollte die laufende Verbindung zwischen dem Münchner Widerstandskreis und der 7. US-Armee

---

[50] So z. B. Dr. Leopold Huber, Volksschullehrer und vor der NS-Herrschaft in Murnau Gemeinderat. Sein mutiges Eintreten für die Wahrheit inspirierte den Autor Ödön von Horváth zur Figur des Lehrers in seinem Werk „Jugend ohne Gott". Dr. Huber leitete die örtliche Luftschutzgruppe (siehe (Raim 2021), S. 518) und arbeitete mit Theobald Wirth, dem Leiter des „Entgiftungszuges" und Kopf des Weilheimer Widerstandes zusammen.

[51] Im Raum Murnau kam es nur noch zu kleineren Aktionen. Beispielsweise klebten in der Nacht zum 7. Oktober 1944 Widerständler an zwölf Häusern in Kohlgrub Zettel mit der Aufschrift: „Wartet nicht, bis Hitler fällt durch fremde Waffen, steht auf und zeigt der Welt, ihr könnt es selber schaffen!". Siehe: (Broszat 1977), S. 675

[52] Allen Welsh Dulles reüssierte später zum ersten Direktor des nach dem Krieg neu geschaffenen US-Geheimdienstes CIA. Siehe z. B.: https://hls-dhs-dss.ch/de/articles/028511/2010-03-25/ (01.10.2022)

sicherstellen. So landete am frühen Morgen des 17. April 1945 bei Dunkelheit der US-Soldat Franz Unterhuber bei Riegsee mit dem Fallschirm. Der Pächter Hans Schilcher in Guglhör bei Riegsee gewährte dem in Österreich geborenen und daher fließend Deutsch sprechenden Funker Unterschlupf und riskierte damit sein Leben und die „Sippenhaft" seiner Familie.[53]

Abbildung 32: Getarntes Funkgerät des US-Soldaten Unterhuber in einem nur zehn Quadratmeter großen Unterschlupf beim Hof Guglhör/Schwaiganger (Riegsee). Foto: US National Archives NARA, public domain.

Tatsächlich bestand die Funkverbindung bis zum Kriegsende, auch wenn Unterhuber eine Woche später nach Niederpöcking bei Starnberg umziehen musste.[54] Eine Mitarbeiterin Heintzes, Dr. Friederike Haußmann, kam täglich als Kurier aus München; der Weg nach Riegsee war zu weit und zu gefährlich.

---

[53] Siehe dazu den Bericht in der Tageszeitung:
https://www.merkur.de/lokales/garmisch-partenkirchen/funker-sendet-guglhoer-us-geheimdienst-3211933.html (01.10.2022)
[54] Siehe dazu den aufschlussreichen Bericht des Gesandten Heinz-Adolf von Heintze:
https://www.ifz-muenchen.de/archiv/zs/zs-3145.pdf (01.10.2022)

In den US-Archiven taucht Unterhuber unter seinem Tarnnamen „Bowman" auf. Wörtlich übersetzt heißt das zwar „Bogenschütze", jedoch verstanden die US-Soldaten darunter den im Panzer neben dem Fahrer sitzenden Funker. Auf den ersten Blick unterhielt der US-Geheimdienst in Oberbayern ein

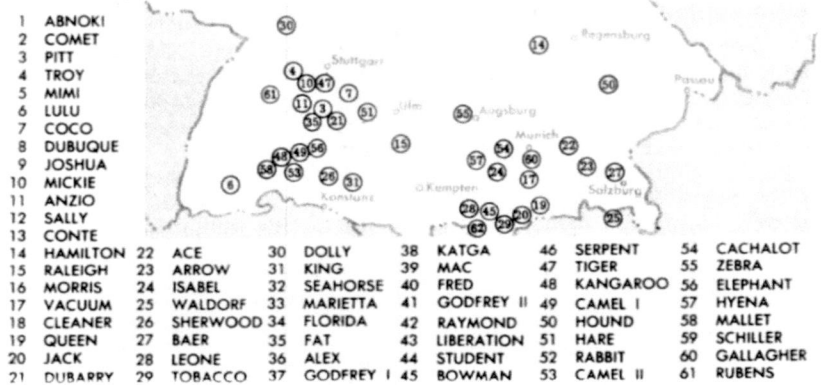

1	ABNOKI									
2	COMET									
3	PITT									
4	TROY									
5	MIMI									
6	LULU									
7	COCO									
8	DUBUQUE									
9	JOSHUA									
10	MICKIE									
11	ANZIO									
12	SALLY									
13	CONTE									
14	HAMILTON	22	ACE	30	DOLLY	38	KATGA	46	SERPENT	54	CACHALOT
15	RALEIGH	23	ARROW	31	KING	39	MAC	47	TIGER	55	ZEBRA
16	MORRIS	24	ISABEL	32	SEAHORSE	40	FRED	48	KANGAROO	56	ELEPHANT
17	VACUUM	25	WALDORF	33	MARIETTA	41	GODFREY II	49	CAMEL I	57	HYENA
18	CLEANER	26	SHERWOOD	34	FLORIDA	42	RAYMOND	50	HOUND	58	MALLET
19	QUEEN	27	BAER	35	FAT	43	LIBERATION	51	HARE	59	SCHILLER
20	JACK	28	LEONE	36	ALEX	44	STUDENT	52	RABBIT	60	GALLAGHER
21	DUBARRY	29	TOBACCO	37	GODFREY I	45	BOWMAN	53	CAMEL II	61	RUBENS

Abbildung 33: Übersichtskarte des US-Nachrichtendienstes OSS über die im März/April 1945 geplanten Spionageoperationen. Lediglich Nr. 45 „BOWMAN" bei Murnau führte zu nennenswerten neuen Erkenntnissen, mehr als die Hälfte der Unternehmungen scheiterten. Quelle: US National Archives NARA, ID 24461636, public domain.

richtiges Spionagenetz. Nachforschungen des Autors ergaben jedoch, dass lediglich „Bowman" wichtige Informationen lieferte. Die anderen Unternehmungen liefen mehr oder weniger ins Leere.[55] So unterblieb bei unklarer Lagebeurteilung eine Unterstützung der bayerischen Widerstandsbewegung durch US-Kräfte, der man wohl keinen echten Putschversuch zutraute. Ein folgenschwerer Irrtum, wie sich noch zeigen sollte.

---

[55] Siehe dazu die Akten: Office of Strategic Services – Reports, (OSS), 180 S. https://catalog.archives.gov/id/16620556 (05.04.2022)

6. Endkampf im totalen Krieg

Praktisch zeitgleich mit dem gescheiterten Attentat auf Hitler am 20. Juli 1944 verschlechterte sich zusehends die militärische Lage für Wehrmacht und SS. Das nutzten vor allem zwei hochrangige Nationalsozialisten, um ihre Machtpositionen weiter auszubauen: Heinrich Himmler, bisher schon Führer der SS und Chef der deutschen Polizei, übernahm den Posten als „Befehlshaber des „Ersatzheeres und Chef der Heeresrüstung".[56] Martin Bormann, Hitlers Sekretär und Reichsminister, sorgte dafür, dass das Ersatzheer Verstärkung bekam – und sein politischer

Abbildung 34: Heinrich Himmler, "Reichsführer" der SS und Chef der deutschen Polizei, seit August 1944 auch Chef der Heeresrüstung und Befehlshaber des Ersatzheeres. Foto: US National Archives, NARA, public domain.

Einfluss wuchs weiter. Die Idee: Alle (!) bisher nicht am Kampf beteiligten Männer und die „Hitlerjugend" im Reich zu bewaffnen, auszubilden und organisatorisch unabhängig von der jetzt widerstandsverdächtigen Wehrmacht in einer neu zu schaffenden eigenen Partei-Organisation zusammenzufassen, dem sogenannten „Volkssturm". So verkündete Himmler am 18. Oktober 1944, dem Jahrestag der Völkerschlacht bei Leipzig, großspurig die neue Mobilmachung. „Sollte der Feind tatsächlich

---

[56] Der bisherige Befehlshaber, Friedrich Fromm, wurde verhaftet, wegen „Feigheit vor dem Feind" zum Tode verurteilt und am 12. März 1945 exekutiert. Er hatte sich nach Meinung Hitlers dem Putschversuch nicht entschieden genug entgegengestellt. Siehe dazu: Friedrich Fromm - Wikipedia (10.10.2022)

in Deutschland eindringen, so würde ihn das Opfer kosten, die einem nationalen Selbstmord entsprächen." Bald darauf kamen die Durchführungsbestimmungen:

```
        Der Leiter der Partei-Kanzlei   Führerhauptquartier,
                                        den 3.11.44

                A n o r d n u n g   379/44

Betr.: 4.Ausführungsbestimmung zum Führererlaß über die
       Bildung des Deutschen Volkssturms.

       (Richtlinien über die Heranziehung zum 1.und 2.Aufgebot
        des Deutschen Volkssturms.)

       Nach meinen Anordnungen 277/44 (I, 1 Abs.2) und 318/44
       (III, 1,2) setzen sich das 1.und 2.Aufgebot des Deut-
       schen Volkssturms wie folgt zusammen :
       Das 1.Aufgebot des Deutschen Volkssturms erfasst alle
       zum Kampfeinsatz tauglichen Angehörigen der Jahrgänge
       1924 - 1884, deren zeitlich befristete Verwendung ohne
       Gefährdung lebenswichtiger Funktionen der Heimat mög-
       lich ist.
       Das 2.Aufgebot des Deutschen Volkssturms umfasst alle
       zum Kampfeinsatz tauglichen Angehörigen der Jahrgänge
       1924 - 1884, die wegen ihrer Tätigkeit in lebenswichtigen
       Aufgaben nicht zum 1.Aufgebot herangezogen werden.
       Über die Heranziehung zu diesen Aufgeboten des Deut-
       schen Volkssturms gebe ich im Einvernehmen mit dem
       RfSS als Befehlshaber des Ersatzheeres folgende Richt-
       linien :
                                I.
       Die Heranziehung zum 1. und 2. Aufgebot des Deutschen
       Volkssturms erfolgt durch die Gauleiter, die mit der
       Durchführung die Kreisleiter und Ortsgruppenleiter
       beauftragen.
                                II.
       Die Gauleiter veranlassen die Bedarfsträger bzw. die
       betreuenden Dienststellen, für alle Männer, die wegen
       ihrer Tätigkeit in lebenswichtigen Aufgaben nicht zum
       1.Aufgebot herangezogen werden, können eine Z-Karte
       (Zuteilungskarte) der am Wohnsitz zuständigen Kreis-
       kommission zu übersenden. Die Z-Karte, für die ein ein-
       heitliches Formular vorgeschrieben wird, muß folgende
       Angaben enthalten :

                        1) Name
                        2) Vorname
                        3) Geburtsname
                        4) Wohnung
                        5) Arbeitsstätte
                        6) erlernter und ausgeübter Beruf
                        7) zuständige Ortsgruppe
```

Abbildung 35: Im „Volkssturm" erfasste die Partei – überflüssigerweise parallel zur Wehrmacht – zuerst alle Männer bis zum Alter von 60 Jahren. Im April 1945 musste das 2. Aufgebot in den Einsatz. Glück im Unglück: Viele dienten schon im Ersten Weltkrieg. Sie wussten, wie man als Soldat überlebt.

Propaganda und Wirklichkeit klafften dabei deutlich auseinander. Gerade die älteren Männer in den Betrieben arbeiteten längst an der Leistungsgrenze, regelmäßig in einer 60-Stunden-Woche. Nur die vielen „Parteigenossen", mit zahlreichen Posten und Pöstchen in der überbordenden NS-Verwaltung gut versorgt, hätten für Verstärkung zur Verfügung stehen können. Allerdings war es diesen Funktionären ein leichtes, ihre Tätigkeit als „lebenswichtig" zu deklarieren und damit zumindest dem 1. Aufgebot zu entkommen. Völlig überflüssigerweise griff man dann bei der Aufstellung nicht auf die bereits bestehenden Rekrutierungsbüros der Wehrmacht zurück, sondern schuf eine zusätzliche, eigene Erfassungs-Bürokratie innerhalb der Partei.

Als dann auch noch die Buben der „Hitlerjugend" als Volkssturm-„Männer" an die Front sollten, wuchs in den für Oberbayern zuständigen Kommando-Ebenen der Wehrmacht endgültig der Widerstand.[57] Es gelang Gauleiter Paul Giesler nicht, den Volkssturm adäquat zu bewaffnen. Der „Chef des Stabes" des im nach Kloster Scheyarn ausgelagerten Luftgaukommandos VII, Oberst Otto Petzold, sorgte in seinem Bereich für eine sehr geschickte aber zugleich riskante Verschleierung der immer noch erheblichen Bestände an Waffen und

Abbildung 36: Die Geburtsjahrgänge 1928 und 1929, mancherorts auch 1930, mussten zu den Waffen – entweder als „Freiwillige" zur SS oder zumindest zum Volkssturm. Foto: US National Archives, NARA, Standbild aus NS-Propaganda-film, ID 428-npc-16711, public domain.

---

[57] Höchstwahrscheinlich gab es an mehreren Orten Deutschlands ähnliche Aktionen, der Verfasser beschränkt sich hier jedoch auf den für Murnau relevanten Bereich.

Munition.[58] So bekamen die Volkssturmeinheiten in Oberbayern nur alte italienische Gewehre mit wenigen Schuss. Reichlich gab es nur die neuen Nahkampfwaffen gegen Panzer, sogenannte „Panzerfäuste". Diese im wahrsten Sinne des Wortes durchschlagende Waffe entwickelte die Firma HASAG in Leipzig unter der Leitung des Oberingenieurs Edmund Heckler.[59] Da bei der Panzerfaust-Produktion ganz überwiegend KZ-

Abbildung 37: Volkssturm-Männer mit geschulterter "Panzerfaust". Foto: US National Archives, NARA, Standbild aus NS-Propaganda-film, ID 428-npc-16711, public domain.

Häftlinge und Zwangsarbeiter zum Einsatz kamen, konnte die SS für nur acht Reichsmark Stückkosten eine leicht zu bedienende und doch panzerbrechende Waffe herstellen. Mit dem Rohr auf der Schulter oder unter dem Arm geklemmt wurde aus nächster Nähe auf Panzer gezielt. Dann flog der etwa drei Kilogramm schwere Sprengkopf rückstoßfrei nach vorne, explodierte beim Aufschlag und spülte sich nach dem Hohlladungsprinzip zuverlässig durch die nicht allzu dicke Panzerung der US-Modelle. Die Hitze tötete fast immer die Besatzungen. Die US-Soldaten lernten schnell und belegten beim geringsten Verdacht auf versteckte Panzerfaustschützen mögliche Stellungen lieber vorsichtshalber mit MG-Feuerstößen oder Artilleriegranaten.

---

[58] Er manipulierte die Bestandsmeldungen der Depots; den NS-Funktionären fehlte es an Fachwissen, um das zu erkennen. Details zum Widerstand der Luftwaffenoffiziere um Oberst Petzold finden sich im Buch des Verfassers: „Kriegsende in München".
[59] Edmund Heckler war NSDAP-Mitglied. Ende 1949 gründete er mit Ingenieuren der zwangsweise aufgelösten Waffenfabrik Mauser in Oberndorf (Württemberg) die Firma Heckler und Koch. Siehe: Heckler & Koch – Wikipedia (11.10.2022)

In Murnau hielt sich die Begeisterung für den Volkssturm sehr in Grenzen. Längst hatte ein wachsender Teil der Bevölkerung die Propaganda durchschaut.[60] Die große Mehrheit jedoch schwieg weiterhin. Ein Bericht des Gendarmerie-Postens Ettal an die Regierung von Oberbayern vom 25. Februar 1945 beschreibt die Situation im Oberland recht offen:[61]

> „Die Stimmung der Bevölkerung ist als sehr gedrückt und verzagt zu bezeichnen. Ursache hierzu bildet die gegenwärtige Frontlage. Auch die Kürzung der Lebensmittel liefert einen Beitrag hierzu. Trotz der öffentlichen Aufklärung und Belehrung sind viele nicht zu belehren und zeigen sich kriegsmüde. Allmählich machen sich auch diese Sorten von Leuten wieder bemerkbar, die der gegenwärtigen Staatsform nicht fördernd gegenüberstehen."

Immer mehr ausgebombte Zivilisten strömten Anfang 1945 mit ihrer wenigen noch verbliebenen Habe in die Marktgemeinde und suchten ein Dach über dem Kopf. Die Bomber der Alliierten hatten ganze Arbeit geleistet. In den Industriegebieten des Reiches, auch in München, war mehr als die Hälfte des Wohnraums zerstört. Die nationalsozialistische Bürokratie versuchte, den Mangel zu verwalten und schuf ein eigenes „Umquartierungsamt". Jede noch so kleine freie Kammer in allen Orten Oberbayerns war zu erfassen und über die Parteiorgane zu melden. Dann kam es regelmäßig zu Zwangseinquartierungen, notfalls mit Polizeigewalt. Dabei betonte die Propaganda stets die Gleichbehandlung aller „Volksgenossen". Doch manche waren

---

[60] (Brückner 1987), S. 23, berichtet von Volkssturm-Vereidigungen: Die älteren angetretenen Männer sprachen den Eid auf den Führer und richteten gleichzeitig die ausgestreckten drei Schwurfinger der linken Hand verstohlen nach unten – eine althergebrachte Methode, eine Bauernregel, um den Eid nicht gelten zu lassen.
[61] Entnommen aus (Broszat 1977), S. 682

auch in diesen schweren Zeiten gleicher als gleich, wie dieses Schreiben zeigt:

Umquartierungsamt
(34) München 22
Thierschstraße 48/0

München, 23. Januar 1945

Der Leiter des
Gauumquartierungsamtes

Vei / Wei

An den

Bezirksbeauftragten des RVK
beim Landrat

W e i l h e i m

Der Reichsführer ⚡⚡ wünscht die Unterbringung
der Eltern des Generals Demmelhuber. Es handelt
sich dabei um Vater, Mutter und einer Pflegerin.
Ich bitte Sie in Ihrem Kreisgebiet eine den
Verhältnissen entsprechende Unterkunft zu
beschaffen.

Heil Hitler!

i.A.

Leiter des Gauumquartierungsamtes

Abbildung 38: Die Anfragen des Münchner Umquartierungsamtes häuften sich. Einer „Bitte" des Reichsführers SS – Heinrich Himmler sollte man tunlichst entsprechen. Reproduktion aus US National Archives NARA, public domain.

Dann überraschte Hitler am 6. März 1945 die Alliierten mit einem Großangriff einer ganzen Heeresgruppe in Ungarn, die er von der Westfront abzog.[62] Das sollte die Wende bringen. Als dieser Angriff nach zwei Wochen zusammenbrach, die SS-Einheiten ausweichen, ja unter Zurücklassen der schweren Waffen flüchten mussten, um gerade noch der Gefangennahme zu entgehen, kam es nach einem fürchterlichen Wutausbruch Hitlers am 19. März 1945 zu seinem sogenannten „Nero-Befehl":[63]

> Der Kampf um die Existenz unseres Volkes zwingt auch innerhalb des Reichsgebietes zur Ausnutzung aller Mittel, die die Kampfkraft unseres Feindes schwächen und sein weiteres Vordringen behindern. Alle Möglichkeiten, der Schlagkraft des Feindes unmittelbar oder mittelbar den nachhaltigsten Schaden zuzufügen, müssen ausgenützt werden. Es ist ein Irrtum, zu glauben, nicht zerstörte oder nur kurzfristig gelähmte Verkehrs-, Nachrichten-, Industrie- und Versorgungsanlagen bei der Rückgewinnung verlorener Gebiete für eigene Zwecke wieder in Betrieb nehmen zu können. Der Feind wird bei seinem Rückzug uns nur eine verbrannte Erde zurücklassen und jede Rücksichtnahme auf die Bevölkerung fallenlassen.
>
> Ich befehle daher:
>
> 1. Alle militärischen Verkehrs-, Nachrichten-, Industrie- und Versorgungsanlagen sowie Sachwerte innerhalb des Reichsgebietes, die sich der Feind für die Fortsetzung seines Kampfes irgendwie sofort oder in absehbarer Zeit nutzbar machen kann, sind zu zerstören.

Hitler erläuterte seinen Befehl im kleinen Kreis folgendermaßen: „Wenn der Krieg verloren geht, wird auch das deutsche Volk verloren sein. Es ist nicht notwendig, auf die Grundlage, die das deutsche Volk zu einem primitiven Weiterleben braucht, Rücksicht zu nehmen, im Gegenteil, es ist besser selbst diese zu zerstören,

---

[62] In der sogenannten Plattenseeoffensive versuchte die deutsche Militärführung den Vormarsch der Roten Armee in Ungarn zu stoppen. Das letzte ergiebige Erdölfeld Großdeutschlands in Zistersdorf bei Wien war in Gefahr. Mit über 700 Panzern und fast 500.000 Soldaten scheiterte die angreifende Heeresgruppe Süd trotz gelungener Überraschung nach zwei Wochen an der Übermacht der Roten Armee. Siehe dazu: https://austria-forum.org/af/AustriaWiki/Wiener_Operation (10.10.2022)
[63] Befehl und Erläuterung entnommen aus dem Kriegstagebuch des Oberkommandos der Wehrmacht, (Greiner und Schramm 1965), S. 611 von 977.

denn das deutsche Volk hat sich als das schwächere erwiesen. Was nach dem Kampf übrig bleibt, sind ohnehin nur die Minderwertigen. Denn die Guten sind gefallen."

Allen noch vernünftig denkenden Verantwortlichen war klar, dass Hitler damit das deutsche Volk endgültig in den Untergang treiben wollte, gewissermaßen ein geplanter erweiterter Suizid. Es war höchste Zeit, dem entgegen zu treten. Es stellte sich nur die Frage, wie? Offiziell galt ja immer noch die Devise vom „Endsieg", die Folgen einer Niederlage wären furchtbar:

Abbildung 39: Die NS-Propaganda zeichnete ein Horror-Szenario, falls der Krieg verloren ginge. Reproduktion der Weilheimer Zeitung – zugleich Murnauer Tagblatt – vom 15. März 1945. Public domain.

Auf vielen Ebenen kam es zu Verzögerungen bei der Umsetzung des „Nero-Befehls". Sogar Rüstungsminister Albert Speer opponierte versteckt dagegen.[64] So unterblieb das Sprengen der Industrieanlagen weitgehend – nur Brücken waren gefährdet.

---

[64] Rüstungsminister Speer gelang es, die reichsweite Zuständigkeit für die Zerstörungen übertragen zu bekommen. Damit waren die ansonsten mächtigen Gauleiter hier nicht generell weisungsbefugt. Siehe dazu: Nerobefehl – Wikipedia (12.10.2022). Der für Südbayern zuständige Oberbefehlshaber Generalfeldmarschall Kesselring gab den Befehl einfach weiter, der Münchner kommandierende General Karl Kriebel verzögerte die Umsetzung jedoch fast vier Wochen und verhinderte damit zahlreiche Spreng-Vorbereitungen. Siehe dazu (Brückner 1987), S. 69

Bis zu den kleinen Funktionären der Partei war Hitlers Befehl noch nicht durchgedrungen. So fand in Murnau am 25. März 1945, wie jedes Frühjahr, in der festlich geschmückten Lesehalle unter der Leitung des Ortsgruppenleiters Max Wittmann die feierliche Aufnahme der jetzt zehnjährigen Kinder in NS-Organisation „Hitlerjugend" (HJ) statt. Die Mädchen trugen dabei die traditionelle Tracht und gehörten nun zur „BDM-Gruppe 6/852 Murnau".[65] Sie übten jetzt sonntags, genauso wie die HJ-Buben, die „Pimpfe". Immer noch gaben einige Eltern ihre Kinder mit voller Überzeugung in die HJ, andere jedoch unter Zwang und voller Sorgen. Allen war klar, dass es auch für die jüngere HJ zum Fronteinsatz kommen konnte, schon 14-jährige dienten als Luftwaffenhelfer, 16-jährige mussten nun zum „Volkssturm".

Gustav Reutter

Lesehalle des Verkehrsamtes Murnau

Abbildung 40: Der überregional bekannte Architekt Gustav Reutter gestaltete die "Lesehalle" in Murnau. Sie eignete sich besonders für festliche Veranstaltungen der örtlichen NSDAP. Das Gebäude ist inzwischen abgerissen. Foto entnommen aus: „Das Bauen im Neuen Reich", 1938, S. 138, public domain.

---

[65] BDM – Bund Deutscher Mädel, der weibliche Zweig der Hitlerjugend.

7. Schutzbereich Murnau

Im September 1944 kam es in Bayern zu einer grundlegenden Änderung der Befehlsstrukturen in den Wehrbezirken. Bis dahin trug das Wehrbezirkskommando in der Stadt Weilheim die Verantwortung für die Rekrutierung neuer Soldaten in den Landkreisen Weilheim, Garmisch-Partenkirchen und Landsberg. Die rund zwei Dutzend Dienstposten besetzte die Wehrmacht überwiegend mit älteren, nicht mehr frontverwendungsfähigen Offizieren. Insgeheim rechneten die Nationalsozialisten aber nun mit feindlichen Luftlandungen oder gar Aufständen der vielen Zwangsarbeiter. Das stv. Generalkommando in München empfahl eine Neugliederung in „Schutzgebiete", um in solchen Fällen schnell reagieren zu können. So kam es dann auch. Diese Gebiete entsprachen den Unterkunftsräumen der in Südbayern liegenden Ausbildungs- und Ersatzdivisionen Nr. 407 in Augsburg (Schutzgebiet West) und Nr. 467 in Garmisch-Partenkirchen (Schutzgebiet Ost). Den Raum München-Fürstenfeldbruck nannte man nun Schutzgebiet Mitte.[66] Die drei Schutzgebiete enthielten dann untergliedert insgesamt 14 „Schutzbereiche", einer davon war Murnau. Es gab ja in der Marktgemeinde nicht nur das Lager der polnischen kriegsgefangenen Offiziere. In der Artillerie-Kaserne befand sich das erste Bataillon des Grenadier-Ausbildungs- und Ersatz-Regiments 61 mit erfahrenen Ausbildern und wechselweise bis zu 300 Rekruten; insgesamt über 800 Soldaten. Der Bataillonskommandeur hatte nun theoretisch die Befehlsgewalt über alle Wehrmachts- Polizei- und SS-Einheiten in seinem Schutzbereich. In der Praxis ging die SS ihre eigenen Wege und die Polizei war ohnehin über den „Höheren SS- und Polizeiführer" Friedrich Karl von Eberstein unterstellt.[67]

---

[66] Siehe dazu auch die detailreiche Schilderung bei (Brückner 1987), S. 15
[67] Siehe dazu: Die Höheren SS- und Polizeiführer (ifz-muenchen.de) (02.11.2022)

Illusionen, man könnte mit diesen Kräften einem konzentrierten US-Angriff standhalten, machte man sich im Münchner stv. Generalkommando nicht. Viele der dortigen Stabsoffiziere befürchteten aber angesichts der Durchhalteparolen der Nationalsozialisten ein fürchterliches Gemetzel und umfangreiche Zerstörungen in der bayerischen Heimat. Der Kommandeur, Generalleutnant Karl Kriebel, teilte wohl die Sorgen, denn er befahl, keine Verteidigungspläne für den bayerischen Wehrkreis VII zu entwickeln.[68] Dem Ansinnen des Generals spielte dann ein Befehl Hitlers in die Hände. Am 26. März 1945 befahl dieser, alle „Heimatkräfte" an die Front zu werfen. Die Überlegung: Wenn alle kampfkräftigen Einheiten des Ersatzheeres aus Oberbayern und bayrisch Schwaben abgezogen werden, bleibt später nur noch eine kampflose Übergabe der Städte und Gemeinden als einzige Option. Gauleiter Giesler wollte natürlich dem Befehl des „Führers" schnellstens entsprechen und sah in Kriebel seinen Verbündeten. Nach Rücksprache mit Himmler erhielten dann alle in München und Oberbayern verbliebenen entbehrlichen Soldaten und SS-Männer die Kommandierung zum Einsatz nach Unterfranken, denn die Panzerspitzen der US-amerikanischen Divisionen standen bereits bei Aschaffenburg.[69] Das betraf auch Murnau; das dort befindliche Bataillon musste die Masse

Abbildung 41: Gauleiter Paul Giesler, Reichsverteidigungs-Kommissar für München und Oberbayern. Foto: US National Archives NARA, public domain.

---

[68] Siehe (Brückner 1987), S. 16 f.
[69] Siehe dazu das Kriegstagebuch des Oberkommandos der Wehrmacht (Greiner und Schramm 1965), Seite 232 von 977 und (Stinglwagner 1991), S. 178

seiner Soldaten an die Front abgeben. Es blieben nur noch Kranke, wenige Ausbilder und unerfahrene Rekruten in der Artilleriekaserne. Dazu kam die Wachmannschaft des Oflag VIIA, rund 200 Mann. Die freien Kapazitäten dieser Unterkunft nutzte jetzt das Münchner Wehrkreiskommando als Ausweich-Quartier für mehrere seiner Stabsabteilungen.

Die personelle Verstärkung aus dem Wehrkreis VII half dem Oberbefehlshaber West, Generalfeldmarschall Albert Kesselring, dabei, seine sehr abgekämpften Divisionen wieder aufzufüllen.[70] In der Schlacht um Crailsheim gelang es dann SS und Wehrmacht tatsächlich, die angreifenden US-Soldaten für einige Tage aufzuhalten und die 10. US-Panzerdivision sogar ein Stück weit zurückzuwerfen.[71]

Hoffnung für die täglich kleiner werdende Zahl der Endsieg-Gläubigen aber auch Anlass für die Fanatiker, jeden noch so kleinen Widerstand gegen den Nationalsozialismus auf brutalste Art zu brechen. Ein Beispiel dafür, wie es enden konnte, den SS-Männern die Stirn zu bieten:

Im Dorf Brettheim bei Crailsheim schickte Bauer Friedrich Hanselmann vier verängstigte Hitlerjungen nach Hause und sammelte die Panzerfäuste ein. Als der kommandierende SS-General Max Simon davon erfuhr, sandte er einen seiner Schergen, Sturmbannführer Gottschalk, in das Dorf, um das „Verbrechen" des Bauern zu sühnen. Gottschalk tobte und

---

[70] Die Zahlenangaben zur Stärke der Wehrmacht schwanken zwischen 18 und 20 Millionen Soldaten. Siehe dazu die Dissertation von (Richardt 2002) https://d-nb.info/975984101/34 (12.10.2022), S. 54 von 368. Der Oberbefehlshaber West konnte nach Recherchen des Autors Anfang April 1945 noch etwas über eine halbe Million Soldaten an einer weit überdehnten Front einsetzen.

[71] Siehe dazu: Schlacht um Crailsheim – Wikipedia (01.10.2022) Das den US-Angriff bei Crailsheim führende XXI US-Korps wurde von der verbissen kämpfenden 17. Waffen-SS-Panzergrenadierdivision „Götz von Berlichingen" aufgehalten – zufällig trafen genau diese Verbände später bei Murnau wieder aufeinander. Siehe dazu: https://www.ibiblio.org/hyperwar/USA/USA-E-Last/USA-E-Last-18.html (15.10.2022)

befahl, den Bauern aufzuhängen, musste dazu aber der Form halber ein sogenanntes „Standgerichtsurteil" herbeiführen. Dabei kam es zum unerwarteten Widerstand. Die Beisitzer, Bürgermeister Leonhard Gackstatter und der NS-Ortsgruppenleiter Leonhard Wolfmeier weigerten sich standhaft, das Urteil zu unterschreiben. Daraufhin befahl der SS-General, diese beiden mit aufzuhängen. So geschah es.[72] Widerstand zu leisten erforderte in diesen Tagen Todesmut.

Gauleiter Paul Giesler wollte seinen „Traditionsgau München-Oberbayern" keinesfalls kampflos aufgeben. Als ihm nun General Kriebel mitteilte, durch die Abkommandierungen wäre der Wehrkreis mehr oder weniger blank und nicht in der Lage, ein Abwehrgefecht zu führen, sorgte er für die Versetzung des Generals in die sogenannte „Führerreserve".[73] Für Giesler ungünstig, für München und Oberbayern ein Glücksfall, mauerte das tatsächlich noch über erhebliche personelle und materielle Ressourcen verfügende Luftgaukommando München ebenfalls und wollte einfach nichts zur Verteidigung beitragen. Es kam zu heftigen Auseinandersetzungen.[74] Ein Beispiel für erfolgreichen passiven Widerstand, Giesler bekam keinen Zugriff.

---

[72] Jahre später kam der Vorfall in Ansbach vor Gericht und endete mit Freisprüchen für die SS-Offiziere. Der Vorsitzende Richter war schon 1927 in die NSDAP eingetreten und konnte partout kein Fehlverhalten der Angeklagten feststellen. Zwar hob der Bundesgerichtshof diese Urteile auf und wies den Fall an das Landgericht nach Nürnberg-Fürth, doch auch hier gab es Freisprüche, die der BGH wieder aufhob. Kurz nach dem dritten Freispruch starb SS-General Max Simon am 01.02.1961 an Herzversagen. Siehe zu den Prozessen: Süddeutsche Zeitung vom 2. Juli 1959, S. 18.

[73] Gauleiter Giesler hatte beste Beziehungen in die Parteiführung. In Hitlers Testament war er sogar als neuer Reichsinnenminister vorgesehen. Siehe US National Archives NARA, ID: HF1-112492431, public domain. Die Weigerung Kriebels, Verteidigungsgefechte zu führen bestätigt auch Kardinal Faulhaber in seinem Tagebucheintrag vom 11. April 1945, siehe: https://www.faulhaber-edition.de/dokument.html?idno=09265_1945-04-11_T01&searchterm=Kriebel (12.10.2022) und https://catalog.archives.gov/id/57341374 (12.10.2022)

[74] Details schildert der Autor in seinem Buch „Kriegsende in München".

In Murnau steigerte sich inzwischen den Durchgangsverkehr. Aus dem Norden des Reiches strömten ganze Abteilungen der NS-Bürokratie in Richtung Alpen – genauso wie die rückwärtigen Einheiten der Westfront. Bei Willy Messerschmitt sprach der SS-General Obergruppenführer Dr.-Ing. Hans Kammler vor, den Hitler zum „Bevollmächtigten des Führers für Strahlflugzeuge" ernannt hatte. Die Produktionszahlen des „Düsenjägers" sollten massiv steigen. Dazu entstand bei Landsberg ein riesiger Bunker als neue Fabrikationsstätte mit dem Tarnnamen „Weingut II".[75] Tausende Häftlinge schufteten sich hier im KZ-Außenlager Kaufering zu Tode. Davon erfuhr die breite Bevölkerung bestenfalls durch Gerüchte. Die Repräsentanten der Partei verloren darüber kein Wort.

Abbildung 42: Der für Murnau zuständige Kreisleiter Anton Dennerl bei einer Ansprache. Neben dem Kreis Weilheim, betreute der „Obergemeinschaftsleiter" auch Starnberg und München-Nord. Foto: © Stadtarchiv Weilheim

---

[75] Siehe dazu Welfen-Kaserne (Landsberg am Lech) – Wikipedia (12.10.2022)

8. Das Lagebild der US-Soldaten

Bei aller materiellen und personellen Überlegenheit – dem US-Oberkommando mangelte es an strategischen Informationen über den Feind. Mehrfach schon hatte Hitlers Wehrmacht für unliebsame Überraschungen gesorgt.[76] Nach wie vor wusste die US-Führung nicht, wie es um die vermeintlichen Wunderwaffen stand. Hatte Hitler bald die Atombombe?[77] Gab es Raketen mit Reichweite bis in die USA?[78] Viele Gerüchte schwirrten umher. Einen echten US-Nachrichtendienst gab es noch nicht, ein Manko, das man erst nach dem Krieg durch die Gründung der CIA behob.[79] So ist nachvollziehbar, dass General Eisenhower als Oberkommandierender den Vermutungen Glauben schenkte, die SS und Hitlers Führungsriege würde sich in einer Alpenfestung verbarrikadieren und in einem „last stand" so lange ausharren, bis die tödlichen Wunderwaffen zum Einsatz kämen. Demzufolge ließ er die 3. und 7. US-Armee nach Süden einschwenken, gab Berlin in Stalins Hände und veränderte so die Weltgeschichte.

---

[76] So z. b. bei der unvermuteten „Ardennenoffensive" Ende 1944 (Info dazu: Ardennenoffensive – Wikipedia (01.11.2022)) oder der „Schlacht um Crailsheim".

[77] Nach neueren Erkenntnissen fehlte Hitlers Deutschland keinesfalls die ökonomische Kraft, um eine Atombombe fertigzustellen. Im Gegenteil, das Team um Werner Heisenberg, der „Uranverein", hatte zunächst einen wissenschaftlichen Vorsprung. Das war ja auch Anlass für das Milliarden Dollar teure US-Projekt „Manhattan", man wollte Hitler zuvorkommen. Letztlich wollten die maßgeblichen deutschen Physiker kein Atom-Großforschungsprojekt – warum auch immer. Siehe: https://www.helmholtz.de/newsroom/artikel/eine-korrektur-der-geschichtsschreibung/ (01.11.2022)

[78] So ein Flugkörper mit der Bezeichnung A9 war tatsächlich geplant, in Kochel gab es dazu Bauvorhaben für einen weiteren Windkanal. Siehe dazu die Forschungsarbeit von D. Eckart: https://www.dglr.de/publikationen/2015/340001.pdf (25.10.2022)

[79] Die mangelnde Aufklärung durch den US-Dienst OSS während des zweiten Weltkriegs ist kein Ruhmesblatt. Lediglich Alen Dulles in Bern lieferte rudimentäre Erkenntnisse. Dieser durfte dann den neugeschaffenen Dienst CIA leiten. Siehe Office of Strategic Services – Wikipedia (20.10.2022)

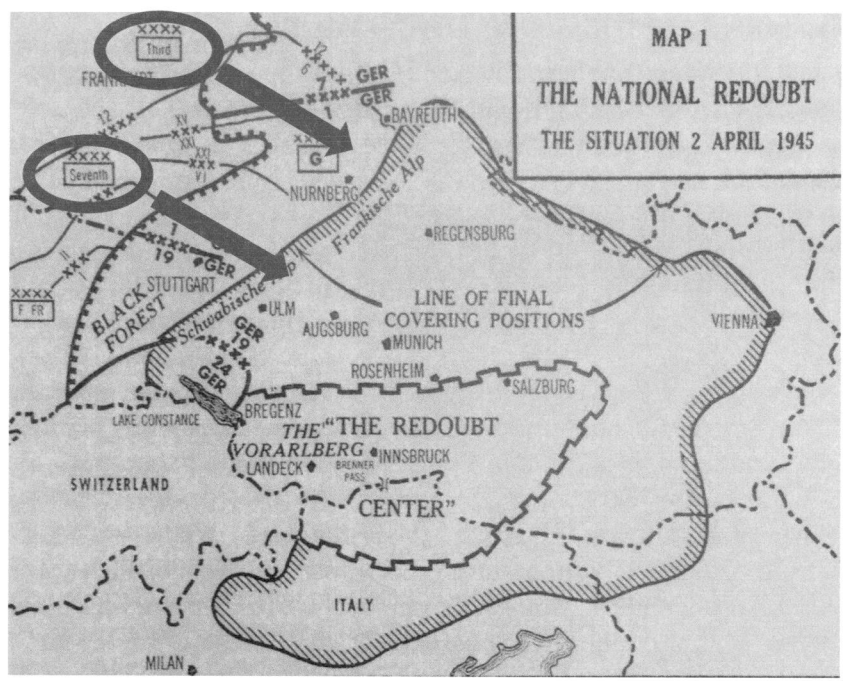

Abbildung 43: Der Kräfteansatz des US-Oberkommandierenden: General Dwight D. Eisenhower befahl zwei Armeen, der 3. und 7., das Einschwenken nach Süden. Über eine Million Soldaten sollten das „National Redoubt" Hitlers erobern, die vermeintliche Alpenfestung. Reproduktion aus US National Archives NARA, public domain.

Während die 3. Armee zunächst nur langsam vorankam und Teile viele Tage lang in Nürnberg mit der bereits bekannt-berüchtigten 17. Waffen-SS-Panzergrenadierdivision im Häuserkampf lagen, konnte die 7. US-Armee schneller vordringen. Zwar legten sich immer wieder einzelne Wehrmachtseinheiten quer, doch gaben diese nach einigen Feuerstößen häufig rasch auf. Ganz anders verhielt sich die SS. Fanatischer Widerstand, Kampf bis zur letzten Patrone, Hinterhalte mit der gefährlichen „Panzerfaust", forderten einen hohen Blutzoll. Die US-Generale gliederten deshalb ihre Angriffsspitzen so, dass jederzeit maximale

Feuerkraft zur Verfügung stand. Dazu verfügten die modernen US-Panzerdivisionen statt Regimentern über zwei „Combat Commands" (CCA und CCB). Das waren gemischte Verbände mit motorisierter Artillerie und Infanterie sowie zahlreichen Panzern. Gerieten die vorne eingesetzten Soldaten in eine gefährliche Situation, war per Funk in minutenschnelle Artilleriefeuer auf den gegnerischen Stellungen. Ein vorgeschobener Beobachter übernahm die Zielansprache. Erst wenn sich kein Widerstand mehr zeigte, rückten die US-Soldaten vor. Dem hatte auch die SS nichts entgegenzusetzen, denn die Munitionsvorräte der Alliierten schienen schier unerschöpflich zu sein.

Besonders bewegte die US-Soldaten der Kampf gegen Kinder. Die Nationalsozialisten scheuten sich ja nicht, die Hitlerjugend an die Front zu werfen. Dabei zeigten sich leider viele der indoktrinierten Jugendlichen zu allem entschlossen, suchten ja praktisch den in der Partei so hoch angesehenen „Heldentod" für Hitler. Andere wiederum ließen schnell die Waffen fallen und hofften auf eine rasche Gefangennahme, denn die SS machte mit vermeintlichen Feiglingen kurzen Prozess.

Abbildung 44: Diese drei 14-jährigen Hitlerjungen nahmen US-Soldaten Mitte April 1945 gefangen. Ergaben sich die Jugendlichen zu früh, drohte ihnen das Todesurteil wegen „Feigheit vor dem Feind". Foto: US National Archives NARA, ID: 111-SC-204587, public domain.

General Eisenhower trieb seine Kommandeure zur Eile. Mit jedem Tag konnten mehr Nazis und SS-Kräfte die vermeintlich sichere Alpenfestung erreichen, das galt es zu verhindern. Deshalb befahl er die Luftangriffe auf Bahnhöfe in Oberbayern und setzte seine besten Divisionen als „spearhead", als Speerspitze ganz vorne ein. Dabei bewies die 12. US-Panzerdivision ihr Können an

ORGANIZATION OF THE 12TH ARMORED DIVISION

The 12th Armored Division was originally activated as a Heavy Armored Division in 1942 consisting of two Combat Commands with two Armored Regiments; one Armored Infantry Regiment; Division Artillery and Support Units consisting of an engineer battalion; recon battalion; medical battalion; a signal company and division trains.

A major reorganization came in 1943 when the regimental organization was abolished in all armored divisions. The tanks, infantry and artillery each were given three matching battalions. Another combat command was introduced to control divisional reserves and was known as CCR. The reconnaissance battalion was changed to a cavalry reconnaissance squadron and the total Division strength fell by nearly 4,000 men and was called a Light Armored Division.

The trends which these organizations followed in summary were; the marked increase of mechanized infantry making the division a more balanced force; the elimination of unnecessary levels of command; and the slimming down of the service support elements; the increase in numbers of medium tanks at the expense of light tanks, giving the Armored Division far more effective fire power.

Each Combat Command was capable of taking under command whatever divisional units the Divisional Commander allocated to them for a particular operation and greatly increased the flexibility of the Division.

Entire Troop Complement	10,937
Division Headquarters	164
Three Tank Battalions	729
Three Infantry Battalions	1,001
Combat Command & Hq. Company	184
Div. Trains Hq. & Hq. Company	103
CCR Hq.	8
Division Artillery	1,623
Auxillary Units:	
Cavalry Recon Sqdrn. Mech.	935
Engr. Battalion	693
Medical Bn.	417
Ordnance Bn.	762
Signal Company	302
MP Platoon	19
Division Hq. Company	138
Division Band	58
Attached Medical	261
Attached Chaplain	8
Principal Armament:	
Rifles .30 Cal.	2,063
Carbines .30 Cal.	5,286
MG's .30 Cal.	465
MG's .50 Cal.	404
Mortars 60 mm	63
Mortars 81 mm	30
ATk Rocket Launchers	607
ATk Guns 57 mm	30
ATk Guns 75 mm	17
Howitzers 105 mm	54
Medium Tanks	186
Light Tanks	77
Armored Cars	54
Halftrack Carriers	455
Halftrack 81 mm Mortar Carriers	18
Vehicles All Types	2,650
Less Combat Types	1,761

Abbildung 45: Knapp 11.000 Soldaten und 263 Panzer, verstärkt mit fast 150 Geschützen – eine voll motorisierte US-Panzerdivision auf dem Weg Richtung Alpen. Die Neugliederung in zwei Kampfverbände (CCA und CCB) und einer Reserve bzw. Versorgungsgruppe (CCR) ermöglicht deutliche schnellere Operationen. Reproduktion aus 12th Armored Division Museum, Abilene, Texas, public domain.

der zur Sprengung vorbereiteten Donaubrücke bei Dillingen. Die Panzer an der Spitze überholten eine Wehrmachtskolonne und donnerten mit hoher Geschwindigkeit auf die Brücke zu. Dabei überraschten sie die verblüffte Wachmannschaft genau bei der Essensausgabe zur Mittagszeit. Nach kurzem Schusswechsel hatte die „GIs"[80] die Oberhand und die 7. US-Armee damit einen strategisch wichtigen Brückenkopf über die Donau.

Abbildung 46: Mit einigem Stolz präsentierten die US-Soldaten der 12. US-Panzerdivision (12th ARMD) ihren Erfolg an der Donaubrücke bei Dillingen: Frei übersetzt: „Sie überqueren die wunderbare blaue Donau mit freundlicher Hilfestellung durch die 12. US-Panzerdivision". Foto: 12th Armored Division Museum, Abilene, Texas, public domain.

---

[80] „Tschi-Ei" (GI), der Spitzname für einen US-Soldaten stammt höchstwahrscheinlich vom Aufdruck „G.I." auf der persönlichen Ausstattung. Sogar die Socken trugen diese Schriftzeichen. Sie bedeuten „Government Issue" – frei übersetzt: Regierungsauftrag, also praktisch Staatseigentum . Die im Zweiten Weltkrieg weit verbreitete Bezeichnung ist immer noch gebräuchlich. Siehe dazu: G.I. - Wikipedia (02.11.2022)

An vorderster Front kämpfte meist die Kavallerie – natürlich nicht mehr zu Pferd, sondern mit modernsten Fahrzeugen. Nach wie vor aber mit gelben Halstüchern („Yellow Ribbon"[81]) und einem elitären Anspruch an sich selbst. Voll motorisierte Spähtrupps mit hochbeweglichen kleineren Panzern erkundeten die Feindlage vor Ort. Die Bürgermeister, Volkssturm-Führer oder sonstigen Verantwortlichen in den Gemeinden der Frontlinie standen vor einem fürchterlichen Dilemma: Kamen sie den US-Soldaten vor Beginn der Kampfhandlungen mit weißer Flagge entgegen, stand

Abbildung 47: Ein US-Leichtpanzer Typ M-5. Am unteren Bildrand ist zu erkennen: 12. Division (das Dreieck steht für die Einheit), 43. Panzerbataillon. Im Bild rechts, in Fahrtrichtung links der Fahrer Private (Gefreiter) Yager, daneben der „Bowman", Sergeant (Feldwebel) Berl. Die beiden Cadillac-Benzinmotoren sorgten für fast 50 km/h Höchstgeschwindigkeit bei 15 t Gewicht, eine 37-mm-Kanone und ein cal 0.30 Maschinengewehr für ausreichende Feuerkraft gegen ungepanzerte Ziele. Foto: 12th Armored Division Museum, Abilene, Texas, public domain.

---

[81] In diesen Jahren war das Tragen der gelben Tücher höchst populär in den USA; US-Künstler griffen diesen Trend auf. Siehe dazu: https://the-main-event.de/songindex/tieayellowribbonroundtheoleoaktree.html (01.11.2022)

einer gewaltfreien Übergabe nichts im Wege. Verteidigten sie den Ort nicht, drohte jedoch die SS mit dem Tod:

Jede Stadt und jedes Dorf werden mit allen Mitteln verteidigt

Erlaß des Reichsführers ⚡⚡

Reichsführer ⚡⚡ Heinrich H i m m l e r hat folgenden Befehl erlassen:

Der Feind versucht durch Irreführung, deutsche Orte zur Übergabe zu veranlassen. Durch vorgeprellte Panzerspähwagen unternimmt er es, die Bevölkerung mit der Drohung einzuschüchtern, daß im Falle der Nichtübergabe der Ort durch angeblich aufgefahrene Panzer oder Artillerie zusammengeschossen würde. Auch diese Kriegslist des Feindes verfehlt ihr Ziel. Keine deutsche Stadt wird zur offenen Stadt erklärt. Jedes Dorf und jede Stadt werden mit allen Mitteln verteidigt und gehalten. Jeder für die Verteidigung eines Ortes verantwortliche Mann, der gegen diese selbstverständliche nationale Pflicht verstößt, verliert Ehre und Leben.

Abbildung 48: Himmlers Erlass stand in allen Zeitungen, auch im Murnauer Tagblatt vom 6. April 1945. Wer seinen Ort nicht verteidigt, verliert Ehre und Leben. Das war keine leere Drohung! Reproduktion des Zeitungsberichts: Public domain.

Ganz anders verliefen die Ereignisse, wenn sich Widerstand zeigte, Schüsse fielen oder der führende US-Offizier die Lage als unklar einschätzte. In diesen Fällen setzten die US-Soldaten auf ihre gewaltige Artillerie-Feuerkraft und legten den Ort in Schutt und Asche. Die Division verfügte ja selbst über genügend schwere Geschütze und erhielt auf Anforderung Verstärkung durch weitere Artillerie-Einheiten. An Munition mangelte es nicht. Zusätzlich bestand die Möglichkeit, Jagdbomber einzusetzen.

Nicht nur die SS, auch Wehrmachtsoffiziere verübten Kriegsverbrechen und versuchten sie – oft sogar erfolgreich – zu vertuschen. So befahl Generalfeldmarschall Albert Kesselring, „Weitergabe nur mündlich!":

6) Wo die Bevölkerung bei Annäherung des Feindes weisse Tücher zeigt, sind die betreffenden Häuser zu zerstören (Abbrennen) u.die männlichen Bewohner dieser Häuser vom vollendeten 16.Lebensjahre ab zu er - schiessen.

Der Oberbefehlshaber West
gez.Kesselring, Gen.Feldmarschall

Abt.III Nr.46/45 geh.
AOK 1, Armeerichter gez.Dr.Freiherr von Wrangel,
Oberfeldrichter.

Generalkommando LXXXII.A.K.   Geheim!   Den 2o.4.45.
II a Nr.221/45 geh.

Vorstehende Abschrift zur Kenntnis und Beachtung. Befehl ist nach Kenntnisnahme bei Div.zu vernichten.
Weitergabe nach unten bis zum letz- Für das Generalkommando
ten Soldaten <u>nur mündlich</u>. Der Chef des Generalstabes
J.A.

Major und Adjutant.

Abbildung 49: Diese schriftliche Ausfertigung des Erschießungsbefehls für alle männlichen Hauseinwohner ab 16 (!) Jahren bei Zeigen einer weißen Flagge blieb durch Zufall im vergrabenen Kriegstagebuch der bei Murnau eingesetzten 17. SS-Panzergrenadierdivision erhalten (siehe handschriftlicher Vermerk links unten). Das im Auszug genannte Generalkommando (82. Armeekorps) kämpfte zu diesem Zeitpunkt in der Oberpfalz. Das Foto zeigt Albert Kesselring, Oberbefehlshaber (OB) West. Quelle: US National Archives NARA 111-adc-4326, public domain.

Am 26. April 1945 erreichten die ersten US-Soldaten den Lech bei Landsberg. In der dortigen Kaserne warteten 918 ungarische Soldaten, angetreten in Reih' und Glied, ein ganzes Bataillon, Teil des kgl. ungar. Ausbildungsregiments 81. Deren Kommandeur meldete einem verblüfften US-Sergeant mit einem „Achtung!" die

Liegenschaft zur Übergabe und seine Soldaten als Gefangene.[82] Fürchterliche Szenen spielten sich nur wenige Kilometer flussabwärts, in Kaufering ab. Die dortigen KZ-Außenlager hatten die SS-Wachen zuvor geräumt. Der SS-Lagerarzt Max Blancke ließ im Lager Hurlach IV die als Unterkunft dienenden Erdhütten in Brand stecken. Etwa 270 Häftlinge aus der „Krankenbaracke"

April 1945 - Landsberg, Germany. Concentration Camp liberated by 12th Armored. 2002.065.013

Abbildung 50: Die US-Soldaten kamen wenige Stunden zu spät nach Hurlach bei Landsberg. Viele „nicht mehr brauchbare" KZ-Häftlinge hatte die SS kurz zuvor ermordet, den Rest per Bahn nach Dachau transportiert. Der US-Kommandeur verpflichtete nationalsozialistisch vorbelastete Einwohner Landsbergs, bei der Beerdigung in einem Massengrab mitzuhelfen, diese sieht man auf dem Bild schaufeln. Foto: 12th Armored Division Museum, Abilene, Texas, public domain.

---

[82] Die ungarische Generalität legte Wert darauf, nie gegen die USA gekämpft zu haben, sich lediglich mit der Sowjetunion im Kriegszustand zu befinden. Offiziell sah General Eisenhower das anders, praktisch behandelte er die Ungarn mit großem Respekt. Siehe dazu den Bericht, Seventh Army History, Part two, Phase four, S. 1123 https://cgsc.contentdm.oclc.org/digital/collection/p4013coll8/id/4739/rec/2 (02.11.2022) und (Brückner 1987), S. 232.

mussten darin den Feuertod sterben. Als die ersten US-Soldaten das Lager erreichten, qualmten die Überreste noch.[83]

Wenigstens war die A-Kompanie des 82. Armored Medical Bataillons bereits ganz nah, in Kloster-Lechfeld. Die Sanitäter und Ärzte versorgten die Überlebenden und requirierten dazu auch das Landsberger Krankenhaus.[84]

Vor dem Lech stauten sich inzwischen die Panzer, US-Pioniere mussten erst die von der Wehrmacht im letzten Augenblick gesprengten Lech-Brücken reparieren, das gelang bei der nur teilweise beschädigten Eisenbahnbrücke binnen Stunden. Drei

Abbildung 51: Ein Sprengversuch der Wehrmacht beschädigte die Eisenbahnbrücke bei Landsberg nur an einer Stelle (Auf dem Bild links erkennbar). US-Pioniere reparierten sie in kurzer Zeit notdürftig so, dass leichte Fahrzeuge darüber rollen konnten. Für die Panzer errichteten sie eine Ponton-Brücke. Foto: 12th Armored Division Museum, Abilene, Texas, public domain.

---

[83] Siehe dazu: KZ-Außenlager Kaufering IV – Hurlach – Wikipedia (02.11.2022) Der US-Untersuchungsbeamte Captain John Barnett berichtete im späteren Prozess gegen die SS-Führer des KZ von etwa 5.000 Leichen in zwei riesigen Haufen. Die Gefangenen waren gezwungen auf ihren Schuhen als Kopfkissen zu schlafen. Sie wurden erschossen, wenn sie den Befehl nicht befolgten. Siehe Prozessbericht im „Hochlandboten" vom 26.11.1945, S. 4.

[84] Siehe den Bericht des 82nd Armored Medical Battalion, 12th Armored Division, S. 42 von 59, (02.11.2022)
https://cgsc.contentdm.oclc.org/digital/collection/p4013coll8/id/3645/rec/9

US-Divisionen warteten auf den Weitermarsch, die Zeit drängte. Zuerst musste natürlich die „Kavallerie" über die behelfsmäßig reparierte Brücke. Am 28. April um 06:00 Uhr war es soweit, das erste Radfahrzeug der 101. Cavalry überquerte die Brücke. Das dauerte bei der erforderlichen Langsamfahrt eine Viertelstunde.[85] Eine gefährliche Situation, jederzeit hätte die deutsche Artillerie oder die Luftwaffe die exponierten Ziele unter Feuer nehmen können. Die nervliche Anspannung der US-Soldaten erhöhte sich noch, als ein deutscher Beute-LKW auf der Brücke abrutschte und mit Achsbruch liegen blieb. Eigentlich wären das lohnende Ziele für die deutsche Artillerie und Luftwaffe gewesen, doch mangelte es allerorten an Benzin. So hatte die im Raum Landsberg verteidigende „Nebelwerfer-Brigade 7"[86] unter dem Kommando von Generalmajor Dr. Kurt Paape beim Rückzug längst ihre Fahrzeuge stehen lassen müssen und kämpfte mit den verbliebenen rund 600 Mann nur noch zu Fuß, ohne Geschütze.[87] Ähnlich erging es der Luftwaffe. Sie hatte zwar inzwischen viele der nagelneuen Me 262 erhalten, musste diese aber meist getarnt am Rande der Autobahnen parken. Die letzten Kraftstoffreserven lagen im Großlager Krailling und fielen einem US-Luftangriff zum Opfer.[88] Viele der Flugzeuge dienten nur noch als Attraktion für die US-Soldaten.

---

[85] Siehe dazu den Bericht des Kommandeurs der 101st Cavalry, Col (Oberst) Charles K. Graydon: https://1-101cav.tripod.com/ww2.html (03.11.2022)

[86] Die frühere Bezeichnung „Nebelwerfer" wurde für die inzwischen modernisierte Raketen-Artillerie der Wehrmacht beibehalten. Ursprünglich war die Aufgabe tatsächlich das Vernebeln und damit Unsichtbar-Machen von Flächenzielen. Gegen Ende des Krieges verschossen die Rohre ungelenkte Raketen mit Spreng-/Brandmunition – Raketenartillerie.

[87] Siehe dazu den Bericht über die Aussage des Dr. Paape im Journal (Kriegstagebuch) des 141. US-Infantry Btl, US National Archives, NARA, nicht digitalisiert.

[88] Der US-Luftangriff vom 27. April 1945 auf das Großlager im Forst bei Krailling vernichtete den Großteil des Benzin-Vorrats. Siehe dazu: Krailling Oils Geschichte (03.11.2022)

Abbildung 52: Eine geparkte und notdürftig getarnte Me 262. Die US-Soldaten begeisterten sich für Hitlers „Wunderwaffe", in ihrer Armee gab es keine „Düsen-Jäger". Foto: 12th Armored Division Museum, Abilene, Texas, public domain.

Der Kommandeur der 12. US-Panzerdivision, Major General[89] Roderick R. Allen nutzte die erzwungene Wartezeit an der Landsberger Brücke und plante das weitere Vorgehen. Die Kampfgruppe A (CCA) unter dem Kommando eines Brigadier Generals sollte am nächsten Tag über Wessobrunn und Zellsee bis zum Zwischenziel Weilheim vorstoßen. Kampfgruppe B (CCB) unter dem Kommando von Oberst Bromley hatte das gleiche Ziel, sollte aber den Weg über das Westufer des Ammersees nehmen.

---

[89] In der US-Army trägt der „Major General" zwei Sterne und entspricht damit dem Generalleutnant der Wehrmacht. Zu Verwechselungen kommt es, da es hier auch einen Generalmajor gibt, dieser Dienstgrad entspricht jedoch einem US-General mit nur einem Stern – dem „Brigadier General". In der Bundeswehr hat man das US-System übernommen, der Brigadegeneral hat einen Stern, der Generalmajor zwei.

9. Die Freiheitsaktion Bayern

In der Nacht zum 28. April 1945 ergriffen in München Offiziere der bisher im Verborgenen wirkenden Widerstandsbewegung die Initiative und starteten einen koordinierten Versuch, den Nationalsozialisten im „Traditionsgau" München-Oberbayern die Macht zu entreißen.[90] Es handelte sich dabei reichsweit um den einzigen militärischen Aufstand größerer Art nach den Aktionen am 20. Juli 1944,[91] der immerhin zu Teilerfolgen führte und Kampfhandlungen um einiges verkürzte. Leider sind die Taten der damals handelnden Akteure deutlich weniger bekannt. Insbesondere fand die Verbindung nach Murnau bisher kaum Beachtung, auf die deshalb hier genauer einzugehen ist.

Angedacht waren acht zeitgleiche nächtliche Operationen, von denen mindestens vier hätten gelingen müssen, um in München-Oberbayern die Kampfhandlungen noch am gleichen Tag beenden zu können; leider waren nur zwei erfolgreich:

Erstens die Übernahme des Rundfunksenders München-Freimann. Den Handstreich dazu plante ein junger Offizier, 29 Jahre alt, im Zivilberuf Rechtsanwalt: Hauptmann Dr. Rupprecht Gerngross, Führer der Dolmetscherkompanie des Wehrkreises VII, stationiert in der Münchner Korps-Nachrichten-Kaserne in der Saarstraße. Mit Unterstützung seiner Soldaten, Feldwebel Kaspar Niedermeyer und dem Sturmzug II seiner Kompanie, konnte er den Sender besetzen und ab 02:00 Uhr auf Sendung gehen. Den entscheidenden Hinweis auf diese Möglichkeit und

---

[90] Angesichts der Lageentwicklung – US-Truppen standen bereits in Landsberg – wollten die Offiziere nicht länger zuwarten. Ziel war es ja, Bayern kampflos zu übergeben. Die seit langen geplanten Operationen starteten kurzfristig. Siehe dazu auch die Überlegungen bei (Diem, Die Freiheitsaktion Bayern 2013), S. 174 von 512.

[91] Das mutige Attentat auf Hitler und der damit verbundene Umsturzversuch ist intensiv erforscht und der breiten Öffentlichkeit wertschätzend im Gedächtnis. Siehe z. B. 75. Jahrestag des 20. Juli 1944 (bundesregierung.de), (02.11.2022)

die Beschreibung der Örtlichkeiten verdankte er wohl Oberst Wilhelm Fuhrmann, dem „Höheren Nachrichtenoffizier" des Wehrkreises VII, der öfters diese Kaserne aufsuchte.[92] So hörten die früh aufstehenden Bewohner Münchens und Oberbayerns Überraschendes im Radio:

Achtung, Achtung! Sie hören den Sender der Freiheitsaktion Bayern! [...] Beseitigt die Funktionäre der Nationalsozialistischen Partei! Die FAB hat heute Nacht die Regierungsgewalt erstritten.

Die Nachricht verbreitete sich wie ein Lauffeuer. Es dauerte aber eine ganze Weile, bis der nationalsozialistische Machtapparat davon Wind bekam und reagieren konnte. Das Wecken des Gauleiters Paul Giesler gestaltete sich schwierig, denn seine alkoholgetränkte Abendveranstaltung zuvor wirkte nach.[93]

Abbildung 53: Hauptmann Dr. Rupprecht Gerngross, führender Kopf der Freiheitsaktion Bayern. Foto: US National Archives NARA, public domain.

Auch die zweite Aktion gelang. Leutnant Ludwig Reiter besetzte mit einer Kompanie der in Freising/Haidhof stationierten Panzer-Ersatzabteilung 17 mit 90 Mann und drei Jagdpanzern vom Typ

---

[92] Die beiden kannten sich. Viele Führungsoffiziere des Wehrkreiskommandos befanden sich zu dieser Zeit jedoch ausgelagert in der Murnauer Artillerie-Kaserne, so auch Oberst Fuhrmann. Im ausgebombten München verblieb nur ein kleines Verbindungskommando. Der taktische Gefechtsstand des kommandierenden Generals hatte das städt. Landschulheim Kempfenhausen am Starnberger See als Ausweichunterkunft gewählt. Siehe dazu die Akte 2344 D 114 des Oberkommandos der Wehrmacht (https://catalog.archives.gov/id/270997112 Seite 97) und (Brückner 1987), S. 188

[93] Dazu konnte der Autor Zeitzeugen befragen; ein Hinweis findet sich auch bei (Stinglwagner 1991), S. 171

„Hetzer" den Großsender Ismaning.[94] Auch von hier aus sendeten die Aufständischen Aufrufe, so z. B. zur „Fasanenjagd"[95] – mit deutlich größerer Reichweite. Ihr Programm lautete:[96]

1. Ausrottung der nationalsozialistischen Blutherrschaft
2. Ausrottung des Militarismus
3. Sofortige friedliche Einigung mit dem Feind
4. Abschaffung der Nazi-Ideologien
5. Sicherung der Lebensmittelversorgung
6. Wiederherstellung einer gesicherten Wirtschaftsgrundlage
7. Wiederherstellung eines Rechtsstaates
8. Schaffung einer gerechten Sozialordnung
9. Wiederherstellung der Grundrechte
10. Wiederherstellung der Menschenwürde

Es verwundert nicht, dass das Gauleiter Paul Giesler zur Weißglut trieb, zumal Hauptmann Gerngross auf Sendung immer wieder kurz nach ihm rief: „Giesler – wo bist Du??".

In Oberbayern starteten daraufhin im Laufe des Tages mehrere Widerständler Versuche, den Nationalsozialisten die Macht zu entreißen.[97] In Weilheim folgte der Verwalter der Oberschule, Maschinenmeister und Volkssturm-Kompanieführer Ludwig Schedel, dem Aufruf. Er marschierte alleine zum NS-Bürgermeister Josef Sprenger und forderte seinen Rücktritt. Sprenger lehnte ab, jemand aus seinem Umfeld meldete den Vorfall nach München. Damit kommen wir zu den entscheidenden Operationen die leider fehlschlugen:

---

94 Siehe z. B.: (Diem, Die Freiheitsaktion Bayern 2013), S. 79

95 Die goldbetressten Partei-Uniformen der NS-Obrigkeit hatten im Volk zum Spitznamen „Goldfasan" geführt. Diese Uniformträger galt es jetzt aus den Ämtern zu jagen.

96 Quelle: Die sorgfältige Mitschrift der SS-Nachrichtenabteilung, US-National Archives NARA, ID T77-1051-0097, public domain.

97 Siehe dazu die Dissertation: (Diem, Die Freiheitsaktion Bayern 2013).

Eine davon leitete ein Offizier der in Murnau verbliebenen Ersatz- und Ausbildungskompanie des I. Bataillons des Ersatz- und Ausbildungsregiments Nr. 61, Oberleutnant Hans Betz.[98] Seine Aufgabe war es, Generalfeldmarschall Kesselring und möglichst seine Generalstabsoffiziere festzunehmen. Dazu fuhr er mit zwei LKW und einem PKW und vermutlich 30 Mann[99] gegen Mitternacht in der verdunkelten Stadt isaraufwärts in die 12 km entfernte Gemeinde Pullach. Dort, so sagte man ihm, in der Bormann-Siedlung[100], befände sich das Hauptquartier und der Stab des Oberbefehlshabers West. Allerdings wusste Betz nichts vom streng geheimen Bunker „Hagen"[101], der gut getarnt auf der gegenüberliegenden Straßenseite der Bormann-Häuschen lag. So suchte er mit seinen Männern lange vergebens nach hohen Offizieren, zerstörte einige Telefonkabel und kehrte in die Stadt zurück.[102]

---

[98] Der Regimentsstab befand sich in München, in der Kaserne Türkenstraße. Oberleutnant Betz hielt sich am Freitag, 27. April 1945 dort auf.

[99] Die genaue Stärke lässt sich nicht mehr feststellen. (Diem, Die Freiheitsaktion Bayern 2013), S. 176 von 512 berichtet von feststellbaren 21 Soldaten, es könnten aufgrund der Ladekapazität der LKWs auch einige mehr gewesen sein.

[100] Pullach, Heilmannstraße. Details zur NS-Mustersiedlung siehe Reichssiedlung Rudolf Heß – Wikipedia (02.011.2022)

[101] Der rund 700 m² große Bunker wird in manchen Quellen auch „Siegfried" genannt. Gebaut für den „Führer", war er bestens ausgestattet und gut getarnt. Heute nutzt der Bundesnachrichtendienst die Anlage als Schießstand.

[102] Kesselring war nach Recherchen des Autors nicht anwesend, er weilte in seinem Gefechtsstand in Motzenhofen bei Augsburg. Allerdings wäre General Westphal, der Chef des Stabes vor Ort gewesen, so (Brückner 1987), S. 188, Betz hätte ihn lediglich nicht gefunden. Das könnte mancher als fehlende Such-Kompetenz interpretieren. Oberst Joachim Brückner, der Autor, wusste, dass er in seiner Publikation keine Details zur Bormann-Siedlung nennen durfte, denn die ganze Liegenschaft nutzte inzwischen der Bundesnachrichtendienst. Der Bunker war in den achtziger Jahren „streng geheim", Geheimnisverrat eine Straftat. Oberleutnant Betz hatte ohne Detailwissen keine Chance, den Bunker nachts zu finden. Er nahm aber mehrere zufällig aufgefundene SS-Wachsoldaten und zwei weibliche Helferinnen in den Siedlungshäusern gefangen. Danach ging es zum nächsten Ziel: Rathaus München.

Ebenso scheiterte die Gefangennahme des Gauleiters. Giesler versteckte sich im Bunker unter dem Zentralministerium.[103] Anfangs noch total verunsichert, alarmierte er die SS und alle erreichbaren Ersatztruppen. Bald gelang es der SS-Leibstandarte aus der nahen Kaserne den Großsender Freimann zurück zu erobern. Daraufhin sprach nun Giesler im Rundfunk:[104]

> Meine lieben Münchner!
>
> Heute Nacht hat eine Abteilung von Drückebergern, die sich leider noch Soldaten nennen und einer Dolmetscherkompanie angehören, die in der Nähe Quartier genommen hat, versucht, mich als Euren Gau-Leiter festzunehmen. Sie haben zu diesem Zweck zwei Maschinengewehre aufgebaut. Dabei wurden sie von Volkssturmmännern ertappt, die mit Handgranaten nach ihnen warfen. Sie haben dann unter Zurücklassen ihrer Waffen die Flucht ergriffen. Wenige Stunden später hat dann der Führer dieses Kommandos namens Gernegross – ausgerechnet Gernegross – sich der Welle des Senders Münchens bedient und verbreitete Aufrufe und Lügenmeldungen...[.]...kein Wort davon ist wahr...[.] Diese ehrlosen Lumpen, die in schwerster Stunde den deutschen Namen besudeln, werden erschossen...

Gesagt, getan, Giesler ließ nahezu jeden, den er in die Finger bekam, erschießen. Insgesamt kamen dabei 58 Freiheitskämpfer ums Leben, Hauptmann Gerngross konnte mit einigen Getreuen untertauchen.[105] Giesler flüchtete tags darauf mitsamt Frau und Schwiegermutter in zwei vollbepackten Limousinen in Richtung Bad Reichenhall. Wer handelte nun ehrlos?

---

[103] Heute ist das Bayer. Ministerium für Landwirtschaft dort untergebracht. Den Bunkereingang bewachten gut bewaffnete Infanteristen. Die Aufständischen riskierten keinen Feuerkampf ohne Aussicht auf Erfolg. Siehe (Stinglwagner 1991).
[104] Siehe die Mitschrift der SS-Nachrichtenabteilung, US National Archives NARA, ID: T77-1051-0100.
[105] Siehe dazu: Freiheitsaktion Bayern (FAB) – Historisches Lexikon Bayerns (historisches-lexikon-bayerns.de) (03.11.2022)

Die Vergeltungsaktionen der Nationalsozialisten waren furchtbar, stellvertretend sei hier die „Penzberger Mordnacht" genannt.[106] Trotzdem ist das Aufbegehren aufrechter Soldaten und die Unterstützung durch mutige Bürgerinnen und Bürger ein Fanal für menschliche Werte, ein politischer Erfolg gegen ein verbrecherisches Regime, das ist auch Gegenstand mehrerer Untersuchungen.[107] Weniger bekannt sind die militärischen Erfolge der Freiheitsaktion Bayern, im Gegenteil, lange Zeit stritt man sie rundweg ab.[108] Dass es sie trotzdem gab, besonders im Landkreis Weilheim, ist hier zu zeigen:

In seiner Wut und mit seinem unbändigen Willen („Koste es, was es wolle") hatte Gauleiter Giesler zur Niederschlagung des Aufstands die wenigen Reserven des Oberbefehlshabers West nach München beordert.[109] Kräfte und Transport-Kapazitäten, die Generalfeldmarschall Kesselring und seinem Stab bei seiner neuen Operationsplanung nun fehlten, denn es kam ein neuer Führerbefehl: Nach langem Zögern unterschrieb Hitler just am 28. April 1945 den Erkundungs- und Ausbaubefehl für die „Kernfestung Alpen".[110] Damit verbunden war die Weisung an

---

[106] Siehe: http://www.mordnacht.de/28april.shtml (02.11.2022)

[107] So z. B.: (Diem, Die Freiheitsaktion Bayern 2013)

[108] So z. B. bei (Brückner 1987), S. 191. Mit dazu beigetragen hat Hauptmann Dr. Gerngross selbst, als er in Unkenntnis der tatsächlichen Lage in den Nachkriegsjahren von einer Niederlegung der Waffen ganzer Divisionen entlang der Amper sprach. Das stellte sich als doppelt falsch heraus, an der Amper standen zu diesem Zeitpunkt keine deutschen Divisionen und eine Niederlegung der Waffen gab es bei den SS-Verbänden praktisch nicht.

[109] In Unkenntnis der Gesamtlage nutzte Gauleiter Giesler seine Funktion als „Reichsverteidigungskommissar" und setzte zusammen mit Generalleutnant Hübner, dem neuen Stadtkommandanten, die Panzer-Ersatz- und Ausbildungsabteilung 7 aus Bad Reichenhall im Nottransport nach München in Marsch. Ebenso befahl er das 6. SS-Gebirgsjäger-Ausbildungs- und Ersatz-Bataillon aus Hallein/Salzburg ebenfalls dorthin. Siehe (Brückner 1987), S. 187 ff.

[110] Siehe Kriegstagebuch des Oberkommandos der Wehrmacht (Greiner und Schramm 1961), S. 1447

Kesselring, mit allen verfügbaren Kräften ab sofort die nördliche Festungsgrenze zu sichern – entlang der ausdrücklich genannten Linie Salzburg – Tegernsee – Murnau (!). Davon nahm natürlich Giesler keine Notiz, ihn beschäftigten andere Dinge. Kesselring und sein Stab wussten nichts von der Unterstützung der Freiheitsaktion Bayern durch Offiziere des Luftgaukommandos und des stellvertretenden Generalkommandos des Wehrkreises. Diese Großverbände wollten schnellstens kapitulieren, um Leben und Infrastruktur zu schonen. Eine Verstärkung der Fronttruppe unter Kesselring kam für sie deshalb nicht in Frage, nach der brutalen Verfolgung ihrer Kameraden erst recht nicht. Es kam zu einer ganzen Reihe von leisen Aktionen, so leise, dass manche in Vergessenheit gerieten. Zum Beispiel begann das bereits genannte Grenadier-Ausbildungs- und Ersatzregiment 517 mit seinem Bataillon in Murnau, Soldaten „vorläufig" zu entlassen.[111] In Weilheim schöpfte, wie andernorts auch, die Widerstandsgruppe um Straßenmeister Wirth und Apotheker Schuster Mut durch den FAB-Aufruf. Sie sorgte nun dafür, dass sich der zur Erkundung angereiste Generalmajor Hans-Jobst von Buddenbrock, neuer Kommandeur der 212. Volksgrenadier-division, mit seinen Plänen zur Verteidigung an der Ammer nicht durchsetzen konnte. Er musste schließlich sogar von seinem Vorhaben

Abbildung 54: Generalmajor Hans-Jobst v. Buddenbrock, Kommandeur der 212. Volks-Grenadierdivision. Foto: US National Archives, NARA, public domain.

---

[111] Siehe dazu (Lohmann 2017), S. 311 ff. Hier finden sich sogar Bild-Belege von Soldbüchern mit dem Vermerk „vorläufig entlassen". Davon betroffen sind mehr als einhundert Soldaten.

abrücken, die Straßenbrücke über die Ammer zu sprengen. Es blieb bei einer „Lähmung", d. h. die Brücke wurde mit allerlei Holz und quergestellten Wagen „blockiert" – für einen großen US-Panzer ein Minutenhindernis.[112] Die von Wehrmachtspionieren bereits gebohrten Sprenglöcher blieben ohne Ladung.

Abbildung 55: Die Weilheimer Ammerbrücke am 29. April 1945. US-Soldaten erkunden die nicht geladenen Sprenglöcher. Im Hintergrund die „Lähmung", bestehend aus quer gestellten Heuwagen und allerlei Gerümpel. Foto: 12th Armored Division Museum, Abilene, Texas, public domain.

Das dank der erfolgreichen Widerstandsaktion jetzt folgende kampflose Einnehmen Weilheims beschleunigte den Vormarsch der 12. US-Panzerdivision am Folgetag erheblich. So sehr, dass die ansonsten recht gut informierten SS-Offiziere bei Murnau völlig überrascht wurden, dazu später mehr.

---

[112] Siehe dazu das Buch des Autors: „Kriegsende in Weilheim".

Am Abend des 28. April 1945 bekam General Walter Hahm, der Kommandeur des nächstgelegenen XIII. Armeekorps, einen neuen Auftrag. Bisher hatte er entlang des Lechs von Nord nach Süd zu verteidigen. Mit dem Durchbruch der US-Truppen bei Landsberg und der Kapitulation seiner Nebelwerfer-Brigade unter Generalmajor Dr. Paape war der Auftrag nicht mehr zu erfüllen. Die Generalstabsoffiziere im Stab OB West setzten im Laufe des Tages den Führerbefehl „Alpenfestung" um. Hahm sollte nun mit den letzten noch einigermaßen einsatzfähigen Einheiten die Enge zwischen Ammersee und Alpen von Nord nach Süd sperren. Generalmajor von Buddenbrock erkundete ja dort bereits, in Weilheim, siehe oben. Dazu bekam Hahm die aus dem Dürnbucher Forst bei Regensburg eilig anmarschierende 17. Waffen-SS-Panzergrenadierdivision neu unterstellt.[113] Durch die Ereignisse in München musste die Marschkolonne aber die Stadt im Osten umgehen und kam deshalb zu spät in den Raum südlich des Ammersees. Die Niederschlagung der Freiheitsaktion Bayern verhinderte also ein Gefecht im Gebiet Weilheim – Seeshaupt – Murnau. Hahm blieb nichts anderes übrig, als der im Marsch befindlichen SS-Division in der Nacht zum 29. April 1945 einen neuen Raum zuzuweisen: Ostwärts der Loisach zwischen Bichl und Bad Tölz. Oberführer Georg Bochmann, Ritterkreuzträger und Kommandeur der SS-Division nahm daraufhin seinen Gefechtsstand in Bichl und ließ die Brücke über die Loisach[114] sprengen. In den Raum Murnau beorderte er lediglich schwache Aufklärungskräfte. Die 212. Volksgrenadierdivision schrumpfte nun von Stunde zu Stunde. Immer mehr Teileinheiten hatten plötzlich „keine Verbindung" mehr und warteten auf die Ankunft der US-Truppen, um sich möglichst schnell ergeben zu können. Im Gegensatz dazu zeigte die SS eisernen Durchhaltewillen.

---

[113] Siehe dazu die Ausführungen bei (Brückner 1987), S. 210
[114] Heute: Loisachbrücke der B 472

10. US-Truppen erreichen das Oberland

Am Sonntagmorgen, 29. April 1945, hatten die meisten Kräfte des XXI, US-Korps endlich den Lech bei Landsberg überquert. Der Generalstab der 7. US-Armee plante das weitere Vorgehen. Die US-Führung hatte kein klares Feindlagebild. Zwar blieb der Rundfunkaufruf der Freiheitsaktion nicht unbemerkt,[115] jedoch war nicht klar, ob die Wehrmachtseinheiten dem Aufruf zum Niederlegen der Waffen Folge leisten würden. So beabsichtigte

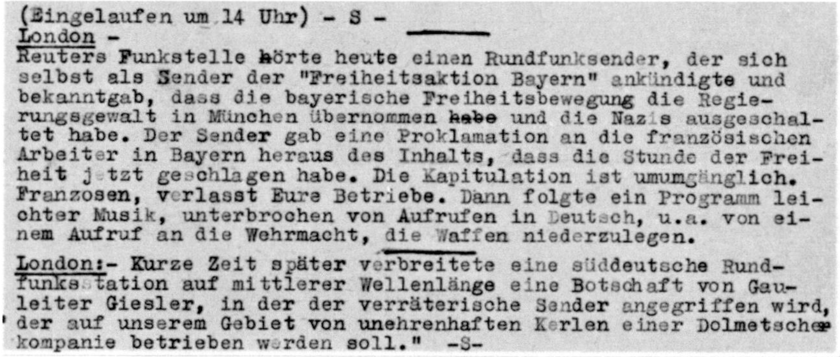

(Eingelaufen um 14 Uhr) - S -
London -
Reuters Funkstelle hörte heute einen Rundfunksender, der sich selbst als Sender der "Freiheitsaktion Bayern" ankündigte und bekanntgab, dass die bayerische Freiheitsbewegung die Regierungsgewalt in München habe und die Nazis ausgeschaltet habe. Der Sender gab eine Proklamation an die französischen Arbeiter in Bayern heraus des Inhalts, dass die Stunde der Freiheit jetzt geschlagen habe. Die Kapitulation ist umgänglich. Franzosen, verlasst Eure Betriebe. Dann folgte ein Programm leichter Musik, unterbrochen von Aufrufen in Deutsch, u.a. von einem Aufruf an die Wehrmacht, die Waffen niederzulegen.
London:- Kurze Zeit später verbreitete eine süddeutsche Rundfunkstation auf mittlerer Wellenlänge eine Botschaft von Gauleiter Giesler, in der der verräterische Sender angegriffen wird, der auf unserem Gebiet von unehrenhaften Kerlen einer Dolmetscherkompanie betrieben werden soll." -S-

Abbildung 56: Mitschrift der SS über die Reuters Pressemeldung zur Freiheitsaktion Bayern vom 28.04.1945. Darin enthalten der Aufruf an die Wehrmacht, die Waffen niederzulegen. (eingelaufen um 14 Uhr). Quelle: Siehe Fußnote 115.

General Patch unverändert, so rasch wie möglich bis zum Nordrand der Alpen vorzustoßen. Deshalb bekam das VI. US-Korps den Auftrag, mit seinen drei Divisionen sofort westlich des Lechs flussaufwärts anzugreifen. Ganz vorne die schnelle 10. US-Panzerdivision, dahinter die etwas langsameren Infanterie-Divisionen (Nr. 44 und 103). Ostwärts des Lechs sollte das XXI.

---

[115] Die Soldaten aus Hauptmann Gerngross' Dolmetscherkompanie sendeten auch in englischer und französischer Sprache. Namhafte britische und US-amerikanische Presseagenturen übernahmen die Aufrufe, was wiederum die SS abhörte und sorgsam protokollierte. Siehe https://catalog.archives.gov/id/270997112 S. 94 (04.11.2022)

US-Korps möglichst zügig den Alpenrand erreichen. Auch hier wieder vorne eine schnelle Panzerdivision (die 12. „Hellcats") und dahinter die Infanterie (36. und 63. US-Infanteriedivision sowie dem Korps unterstellte französische Verbände). Das Tagesziel für die „Hellcats" war Eschenlohe, auf dem Weg dahin sollten sie Weilheim und Murnau in Besitz nehmen. Die beiden

Abbildung 57: Der Nickname der 12. US-Panzerdivision. Höllisch schnelle Kampfkatzen. Foto: 12th Armored Division Museum, Abilene, Texas, public domain.

jeweils rund 5.000 Mann starken Kampfgruppen CCA und CCB der Zwölften bekamen Weilheim als Zwischenziel aber dorthin unterschiedliche Wege vorgeschrieben. CCA musste über Rott und Wessobrunn fahren, CCB über Greifenberg und das Westufer des Ammersees.

Vorneweg klärte bei beiden Gruppen schon am Vorabend des 29. April 1945 jeweils ein „Kavallerie"-Bataillon mit 800 Soldaten die Feindlage auf. CCA bekam die 116th Cavalry Reconnaissance Squadron Mechanized mit drei Troops zugewiesen. Troop B fuhr an der Spitze.[116] Die 17 leichten und schnellen Panzer M5, Halbkettenfahrzeuge, LKWs und Jeeps des Troops genügten dem US-General nicht, er verstärkte die Einheit mit fünf mittleren Kampfpanzern M4A3 und einem weiteren Zug Infanteristen, die „huckepack" aufsaßen. Zusätzlich rückte die schwere Artillerie nach vorne und hielt sich stets feuerbereit. Der Befehl lautete:

---

[116] Die ganze „Squadron" hat Bataillonsstärke – knapp 800 Mann. Die drei „Troops" A, B und C entsprechen Kompanien mit ca. 200 Soldaten. Dicht hinter der Troops folgt die Artillerie. Siehe dazu: https://1-101cav.tripod.com/ww2.html (03.11.2022)

Kein Risiko eingehen. Wo sich Widerstand zeigt, sofort die Artillerie einsetzen, um das Leben der eigenen Soldaten zu schonen. Dazu fuhr auch ganz vorne ein Artillerie-Offizier mit, der per Funk das Feuer der weiter hinten stehenden Geschütze (Reichweite bis zu 15 Kilometer) lenken konnte.

Abbildung 58: Infanteristen auf einem US-Panzer M4A3 „Sherman". Foto: 12th Armored Division Museum Abilene, Texas, public domain.

Vor der Kampfgruppe CCB klärte die 101st Cavalry Rec. Squadron ebenfalls mit einem Troop voraus entlang der Straße Landsberg-Eching/Ammersee auf. Ohne ernste Probleme, nur behindert durch die vielen zerstörten Wehrmachtsfahrzeuge auf der Straße, erreichten die US-Soldaten bald die unzerstörte Amper-Brücke bei Stegen am Nordrand des Ammersees. Per Funk kam der Befehl, weiter nach Osten vorzustoßen, bis Feindkontakt erfolgte. Kurz hinter Inning gerieten die GIs in deutsches Abwehrfeuer. Als sie dann noch zwei deutsche Tiger-Panzer erkannten, wichen sie sofort zurück und überließen es der US-Artillerie, diese zu bekämpfen. Gegen die 8,8-cm-Kanone der „Tiger" hätte die dünne Panzerung der US-Modelle keinen Schutz geboten, da half nur das Zurückweichen. Somit war klar, dass zumindest am Ostufer des Ammersees noch mit Feind zu rechnen wäre. Deshalb nahmen die der Cavalry folgende CCB den Weg über Schondorf nach Diessen.

Auch für die 116th Cavalry verlief die Erkundung am Vorabend des 29. April nicht ohne Probleme. Bei Rott am Lech stießen die US-Soldaten auf eine SS-Einheit. Es entwickelte sich ein heftiges Feuergefecht. Erst in der Nacht gelang es, die SS-Stellungen zu umgehen und mit Hilfe von zwei Kompanien Infanterie und gezieltem Artilleriefeuer den Widerstand auszuschalten. Die Explosionen der Granaten waren bis Weilheim zu hören. Am 29. April morgens sah die Lagekarte der 7. US-Armee deshalb so aus:

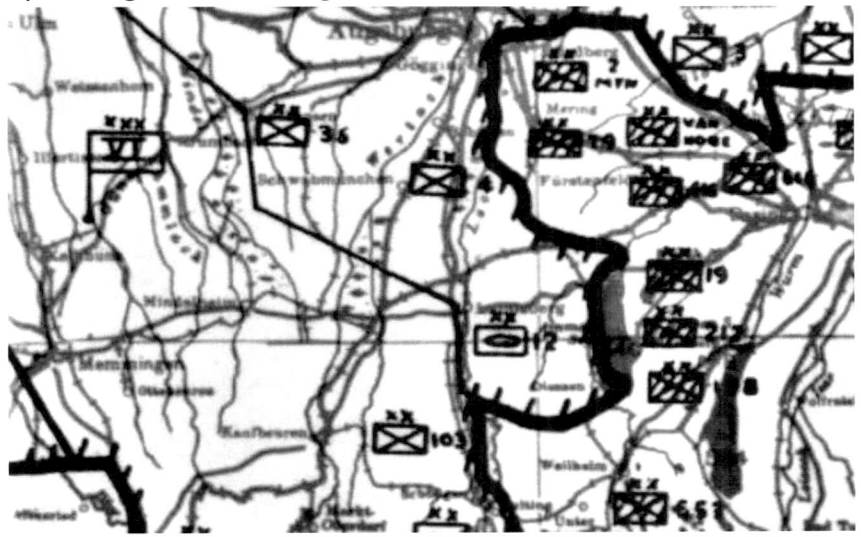

Abbildung 59: US-Lagekarte der 7. US-Armee am frühen Morgen des 29.04.1945. Den Frontverlauf beschreibt die dicke schwarze Linie: Von Augsburg entlang des Lechs nach Süden mit der Ausbuchtung bei Landsberg bis zum Ammersee. Dort das schwarze Rechteck mit XX (Divisionszeichen) und der 12, d.h. von der 12. Panzer-Division besetzt. Foto: US Library of Congress, Public domain.

Soldaten der 116th Cavalry starteten am frühen Morgen des 29. April Richtung Weilheim. Bei Wessobrunn kam ihnen ein PKW entgegen, darin Freiherr Heinz-Adolf von Heintze und Bernhard von Mutius,[117] zwei Widerstandskämpfer aus München. Heintze hatte schon am 21. April den Auftrag erhalten, Kontakt mit der 7. US-Armee aufzunehmen. Mit diesem Schreiben für den US-Captain genügend autorisiert, führte ein begleitender Trupp mit Jeep voraus das deutsche Fahrzeug nach Diessen, zum Gefechtsstand des nächst erreichbaren höheren Offiziers, Colonel (Oberst) Bromley, Kommandeur der CCB. Heintzes Anliegen war

COL BROMLEY - DIESSEN GERMANY 1945
CO. CCB

Abbildung 60: Colonel Bromley (Mitte), Commanding Officer (CO) der CCB vor dem Gefechtsstand in Diessen/Ammersee am 29.04.1945. Foto: 12th Armored Division Museum, Abilene, Texas, public domain.

---

[117] Der Diplomat v. Heintze und Regierungsrat v. Mutius gehören zum deutschen Widerstand. Heintzes Anteil an der Aktion „Guglhör" bei der Kontaktaufnahme mit dem US-Funker bei Murnau ist weiter oben beschrieben. Siehe dazu den Bericht des Freiherrn von Heintze in https://www.ifz-muenchen.de/archiv/zs/zs-3145.pdf (04.11.2022)

es, weitere Kampfhandlungen zu vermeiden. Er sprach von einer bevorstehenden Kapitulation der Wehrmacht. Um seine Angaben zu überprüfen, sandte Oberst Bromley die 101st Cavalry zur Feindaufklärung in Richtung München. Der vordere Troop nahm die Straße am Südufer des Ammersees entlang, fuhr problemlos durch Herrsching, geriet aber an der Engstelle Pilsensee/Schloss Seefeld in eine Sperre. Dort befand sich gerade ein Spitzenzug der 17. Waffen-SS-Panzergrenadierdivision, der sofort das Feuer eröffnete.[118] Dem US-Kommandeur kam das nicht ungelegen, so musste er umkehren und eben nicht mit seinen wenigen Kräften nach München vorstoßen. Was er nicht wissen konnte: Der weitere Weg wäre frei gewesen. Tags darauf fuhr ein anders US-Kleinfahrzeug einfach durch bis zum Münchner Marienplatz.[119]

Die 116th Cavalry erkundete inzwischen von Wessobrunn aus weiter in Richtung Weilheim. Abgesehen von einer kleinen unbewachten Baumsperre bei Tankenrain gab es keine Hindernisse. Der Weilheimer Volkssturm hatte die Sperre Tage zuvor errichtet, jedoch nicht vermint. Schon von weitem erkannten sie die weiße Fahne am Weilheimer Kirchturm. Der

Abbildung 61: Baumsperre bei Tankenrain. Für einen US-Kampfpanzer kein nennenswertes Hindernis. Foto: still picture aus US National Archives NARA 111-adc-4196, public domain.

---

[118] Erkundigungen des Autors lassen auf eine eher zufällige Begegnung schließen. Die SS-Einheit wollte eigentlich befehlsgemäß in Richtung Murnau und wusste natürlich nichts von US-Truppen in der Gegend. Die Baumsperre errichtete Tage vorher der Volkssturm. Den Vorfall schildert auch der Kommandeur der 101st Cavalry, Lt. Col. Kendall, Squadron C.O. (Oberstleutnant Kendall, kommandierender Offizier der Abteilung siehe: https://1-101cav.tripod.com/ww2.html (03.11.2022)

[119] Siehe dazu: Kriegsende 1945 - Als die Amerikaner München befreiten - München - SZ.de (sueddeutsche.de) (04.11.2022)

Weilheimer Widerstand hatte ganze Arbeit geleistet, der B-Troop marschierte ungehindert über die Schmidstraße bis zum Marienplatz. Dort erwartete die GIs der Bürgermeister und ein eher zufällig anwesender Polizei-Major zur friedlichen Übergabe der Kreisstadt. Eine halbe Stunde später rollten bereits die Panzer der CCA über die inzwischen geräumte Ammerbrücke. In einem Nebengebäude hinter dem Rathaus befreiten die US-Soldaten vierzig Kriegsgefangene, die von einer sehr menschenwürdigen Behandlung während ihrer Gefangenschaft berichteten.[120]

Abbildung 62: Den Jubel der vierzig befreiten Kriegsgefangenen in Weilheim hielt ein US-Kriegsberichterstatter im Bild fest. Zehn davon waren US-Amerikaner. Foto: 12th Armored Division, Abilene, Texas, public domain.

---

[120] Das Gebäude befindet sich genau gegenüber dem heutigen Stadtarchiv. Heute ist darin die Stadtmusik untergebracht. Davor befand sich ein eingezäunter Bereich – nicht abgesperrt, denn zur Beschaffung eines geeigneten Riegels fehlte angeblich das Material. Die Zuständigkeit für die Gefangenen lag bei Straßenmeister Wirth, dem Kopf des örtlichen Widerstandes, dieser sorgte für faire Behandlung, was sich jetzt auszahlte. Siehe dazu auch das Buch des Autors „Kriegsende in Weilheim".

Den Vormarsch der US-Cavalry filmte ein ganz vorne mitmarschierender US-Kriegsberichterstatter mit seiner Hand-Kamera. Ein mutiges Unterfangen. Der Film ist im Internet zu finden, leider sind die einzelnen Sequenzen nicht in der richtigen Reihenfolge.[121]

Abbildung 63: US-Soldaten der "Signal Company" filmten oft an vorderster Front - so auch beim Vormarsch von Landsberg nach Murnau. Foto: still picture aus US National Archives NARA ID 111-adc-4608, public domain.

Als Unterstützung zur Aufrechterhaltung der Zarges-Produktion war bis zum Abend des 28.04.45 eine Kompanie des Murnauer Ersatz-Bataillons 61 in der Stadt Weilheim stationiert. Den Rückzug nach Murnau befahl der Kommandeur des Wehrbezirkskommandos Weilheim, Oberst Witte, als „Kampfkommandant" der Stadt, um Kampfhandlungen zu vermeiden. Im praktisch letzten Moment wäre es beinahe doch noch zu einem Feuergefecht gekommen. Gegen 09:50 Uhr – eine Stunde vor Einmarsch der US-Cavalry – meldete sich ein Feldwebel bei Oberst Witte. Er hätte zwei einsatzfähige Langrohrgeschütze, die würden sich gerade am Kirchplatz feuerbereit machen. Witte befahl den sofortigen Abzug nach Murnau, dort gelte es, eine starke Verteidigung aufzubauen. Der Feldwebel gehorchte, die Artilleristen zogen ab. Genauso verfuhr der Oberst mit anderen versprengten Soldaten und befahl den sofortigen Abmarsch Richtung Süden. Kreisleiter Dennerl verschwand freiwillig, genauso einige SS-Offiziere.[122]

---

[121] Siehe: https://catalog.archives.gov/id/17998 (04.11.2022)
[122] Dennerls Stellvertreter Urlberger verblieb in der örtlichen Parteizentrale, dem heutigen Landratsamt, verhielt sich jedoch passiv. SS-Offiziere suchten das Weite.

11. Murnau im Fadenkreuz

In den Mittagsstunden des 29. April 1945 erreichte das Gros der 12. US-Division Weilheim, CCA aus Wessobrunn kommend, CCB aus Diessen. Divisionskommandeur Major General Allen hielt sich an seinen Auftrag, möglichst rasch die Alpenkette zu erreichen. Er setzte der CCA Murnau als nächstes Ziel, der CCB Sindelsdorf. Nach wie vor gab es kein klares Lagebild. Hinter jeder Biegung konnten Dutzende Wehrmachtssoldaten mit erhobenen Händen die Befreier erwarten oder auch SS-Soldaten gut verschanzt mit Panzerfäusten und Maschinengewehren eine tödliche Bedrohung darstellen. Vorsichtig erkundete die jetzt auf über 850 Soldaten verstärkte 116th Cavalry mit Spitzenzug voraus entlang der „Olympiastraße", der Reichsstraße 2. An unübersichtlichen Stellen mit abgesessener Infanterie, an geraden Abschnitten aufgesessen mit höherer Geschwindigkeit. Zusätzlich hatte die

Abbildung 64: Bei unklarer Feindlage schützen sich die Panzerbesatzungen durch aufgesessene und jederzeit feuerbereite Infanterie, die rundum beobachten. Foto: 12th Armored Division Museum, Abilene, Texas, public domain.

Division Luftaufklärung angefordert. Der Pilot eines über Murnau streifenden Jagdflugzeuges meldete ein großes „Concentration Camp", ein Konzentrationslager, am nördlichen Rand des Ortes. Per Funk ging die Information an den Spitzenzug, die vorne fahrende Teileinheit der cavalry. An einer Sperre bei Spatzenhausen kam es zu einem kurzen Schusswechsel, die beiden vorne fahrenden

Abbildung 65: Der mit M4A3 Sherman Panzern (ganz rechts im Bild) verstärkte Spitzenzug der 116th cavalry auf der Reichsstraße 2 in Richtung Murnau. Rechts im Hintergrund der Kirchturm von Tauting. Foto: US National Archives NARA, 111-adc-4196public domain

„leichten" Panzer vertrieben mit Feuerstößen binnen Minuten die wenigen Verteidiger. Danach tastete sich der B Troop der 116th cavalry vorsichtig weiter an Murnau heran. Schon von weitem war die Panzer-Kaserne zu erkennen. Beim vermeintlichen

Abbildung 66: Das Oflag VIIA platzte im April 1945 aus allen Nähten. Waren bisher schon über 4.000 polnische Offiziere dort einquartiert, kamen jetzt noch über 1.000 Kriegsgefangene aus dem Dulag Luft – vorher in Oberursel – dazu. Viele hausten in Zelten. Wie so viele Institutionen der Nationalsozialisten musste das Dulag in Richtung Alpen ausweichen. Foto: Sammlung Rempfer.

Concentration Camp handelte es sich um das inzwischen mit über 5.000 Soldaten überbelegte Oflag VIIA, davon wussten die US-Soldaten vor Ort aber nichts. Mit dem Scheren-Fernrohr des Artillerie-Offiziers waren zwei Soldaten zu erkennen, die mit einer weißen Fahne vor dem Kasernentor auf der Grünfläche warteten. Die Panzer hielten in einiger Entfernung an.

Abbildung 67: Der Wachhabende Offizier, Hauptmann Oswald Pohl, steht am 29. April 1945 gegen 14:00 Uhr mit weißer Fahne vor dem Kasernentor des Oflag VIIA und wartet auf die US-Soldaten. Sie sind bereits in Hörweite. Vom ersten Stock aus fotografiert einer der Schweizer Rot-Kreuz-Mitarbeiter. Foto: Sammlung Rempfer.

Von Anfang an hatten Mitarbeiter des Internationalen Komitees vom Roten Kreuz (IKRK) aus Genf ungehinderten Zugang zu den Gefangenen. Sie hatten im alten Gutshof von Höhenried ihre Unterkunft.[123] Ihre weiß lackierten Autos und Lastkraftwagen mit deutlich sichtbarem Rot-Kreuz-Zeichen brachten auch jetzt noch

---

[123] Auf dem Gelände am Ufer des Starnberger Sees bei Bernried befindet sich heute eine Fachklinik. Siehe dazu den Zeitzeugenbericht von Hermann Ebers aus Haunshofen, Quelle: Stadtarchiv Weilheim.

Lebensmittel und Bedarfsgüter aus der Schweiz zu den an vielen Orten internierten Kriegsgefangenen. An diesem Tag waren wieder zwei IKRK-Mitarbeiter im Murnauer Oflag VIIA anwesend. Es ist zu vermuten, dass längere Zeit dieselben Beschäftigten zum Einsatz kamen und sowohl dienstlich als auch privat fotografierten. Das würde die rund 500 Aufnahmen erklären, die ein Fotograf Jahre später zufällig entdeckte.[124] Jedenfalls verdanken wir diesem Zufall eine zusätzliche Bilddokumentation der Ereignisse.

Abbildung 68: Der Wachzug sammelt sich hinter dem Kasernentor zum Antreten. Links im Bild einer der beiden Schweizer Mitarbeiter des Internationalen Roten Kreuzes mit Kamera in den Händen. Er steht hinter dem weißen Dienstwagen, dieser parkt vor dem zugemauerten zweiten Kasernentor (Darin befindet sich eine Arrestzelle). Das Auto hat ein Genfer Kennzeichen und die Länderkennung „CH" (Schweiz). Foto: Sammlung Rempfer, Marktarchiv Murnau

---

[124] Die zehn Filmrollen der Schweizer mit 500 Fotos entdeckten rein zufällig Jahre nach Kriegsende Olivier und Alain Rempfer in Frankreich. Erst später konnte er den Bezug zu Murnau herstellen. Wie sie dorthin gelangten ist ungeklärt. Siehe dazu: Deutschland 1945: Spektakuläre Lager-Bilder entdeckt (merkur.de) (04.11.1945)

Ein kleiner Trupp US-Infanteristen näherte sich dem hölzernen Wachturm an der Nordseite des Kasernengeländes. Der dort oben eingesetzte Wachsoldat ergab sich sofort. Daraufhin stieg der US-Kameramann die Treppe hoch und filmte weiter.

Abbildung 69: US-Infanteristen erreichen den Wachturm am nordwestlichen Ende des Oflag-Kasernengeländes. Foto: US National Archives NARA 111-adc-4196, public domain.

Inzwischen näherte sich aus Richtung Murnau ein Fahrzeugkonvoi der SS der Oflag-Kaserne. Ganz vorne im Dienstwagen der SS-Brigadeführer und Generalmajor der Waffen-SS Ernst Otto Fick. Warum er sich vor dem Oflag aufhielt, welche Befehle er hatte, das lässt sich nur aus Puzzle-Teilen rekonstruieren. Schriftliche Belege sind nicht erhalten geblieben. Zweifelsfrei war Fick mit einem Sonderauftrag der SS-Führung unterwegs.[125] Fick verbrachte die Nacht zuvor bei seiner Familie im Notquartier Uffing. Da er die Kolonne anführte, muss er vorher Kontakt zu den Soldaten aufgenommen haben. Dazu bietet sich nur die Kemmel-Kaserne an. Hier hatte auch der Kommandant des Oflag VIIA, Generalmajor Alfred Petry, seinen Aufenthalt. Petry wird von US-Offizieren als sehr ängstlich beschrieben.[126] Er

---

[125] Siehe dazu auch die ausführliche Recherche von Lohmann (Lohmann 2017), S. 305 ff. Ficks ursprüngliches Dienstfahrzeug, ein Mercedes, blieb mit Kupplungsschaden liegen. Der ursprüngliche Fahrbefehl gibt als Fahrtzweck einen „Sonderauftrag des Reichsführers SS", also Heinrich Himmlers, an. Das genaue Fahrtziel wird nicht genannt, nur ein Gültigkeitsbereich Salzburg-Uffing. Nachträglich erfolgte eine maschinengeschriebene Erweiterung auf Oberstdorf.

[126] Mehrere US-Soldaten konfrontierte er nacheinander mit der Frage: „Werde ich jetzt erschossen?" Die GIs machten sich einen Spaß daraus, setzten ihn auf die Motorhaube eines Jeeps und fuhren ihn mit hoher Geschwindigkeit umher.

hatte wohl seinen Dienst praktisch niedergelegt und wollte sein Kommando nicht mehr ausüben. Ursache hierfür könnte die Freiheitsaktion Bayern sein, die tags zuvor stattfand. In der Kemmel-Kaserne gab es bereits erste Auflösungserscheinungen. Manche Quellen sprechen davon, dass Petry bereits das Lager an den Lagerältesten, den polnischen General Juliusz Rómmel übergeben hätte.[127] Dagegen spricht die fortwährende Anwesenheit der deutschen Wachmannschaft. General Rómmel hätte sie sicher durch eigene Kräfte ersetzt. Trotzdem ist hier ein Anlass für das Eingreifen Ficks zu sehen. Als Inspekteur für die weltanschauliche Erziehung der gesamten SS konnte er das Gebaren des dienstgradgleichen Petry nicht gutheißen. Zumal er wusste, dass bei seinem direkten Vorgesetzten im SS-Hauptamt, Obergruppenführer Gottlob Berger, auch die Zuständigkeit für die Kriegsgefangenen lag. Berger befand sich seit einer Woche in München. Er hatte von Himmler den Auftrag, sich um die Papiere der Partei zu „kümmern", sprich belastendes Material zu beseitigen. Das ging gründlich daneben. Berger befahl der SS-Standarte in München-Freimann, die Registratur aller NSDAP-Mitglieder zu vernichten. Dabei handelte es sich um rund 11 Millionen Karteikarten mit den Daten aller Parteigenossen und Anwärter – insgesamt 40 Tonnen (!) Papier. Anzünden wäre zu auffällig gewesen, also transportierten SS-LKWs die Ladung zur Papiermühle von Hans Huber nach Moosach, er möge

Abbildung 70: Obergruppenführer Gottlob Berger, Chef des SS-Hauptamtes, zuständig für alle Kriegsgefangenen. Foto: US National Archives, NARA, 111-adc-4458, public domain.

---

[127] Davon berichtet der Lagerinsasse Stefan Majchrowski in seiner Autobiografie „Za drutami Murnau". Ausgewertet von (Lohmann 2017), S. 316.

diese einstampfen. Huber befolgte die Anweisung nur zum Schein und sicherte unauffällig die Karteikarten, bis er Monate später dem US-Major William Browne, früher Polizeichef von Portland/ Oregon den wichtigsten Dokumentenfund des Zweiten Weltkriegs übergeben konnte. Damit war in der Nachkriegszeit nicht nur die NS-Mitgliedschaft nachweisbar, sondern auch die Ablehnungsgründe bei Anwärtern, was nicht selten zur Rehabilitierung beitrug.[128]

Aber nicht nur dieser Auftrag Himmlers endete als Desaster. Er beauftragte den Chef des militärischen Amtes im SS-Sicherheits-Hauptamt, Brigadeführer Walter Schellenberg, mit dem Rot-Kreuz-Vertreter Graf Folke Bernadotte Kontakt aufzunehmen. Ziel war es, einen separaten Friedenschluss mit den westlichen Alliierten zu erreichen, um gegen Stalins Truppen weiterkämpfen zu können. Ausgerechnet Schellenberg. Dieser informierte bereits 1943 den Schweizer Nachrichtendienst über Angriffspläne auf die Eidgenossenschaft, er handelte sicher nicht im Interesse des Reichsführers SS.[129] Um für die geplanten Verhandlungen ein Faustpfand zu besitzen, befahl Himmler, unter allen Umständen zumindest die englischen und amerikanischen Kriegsgefangenen in die Alpenfestung zu führen.[130]

Dieser Befehl musste auch Fick bekannt sein. Grund für die Überbelegung des Oflag VIIA war die Wochen zuvor erfolgte Verlegung der Dulag Luft aus Wetzlar/Oberursel nach Murnau. Deshalb befanden sich hier in den Zelten auch zahlreiche alliierte Piloten. Zumindest diese wollte er vermutlich herausholen. Mehr

---

[128] Siehe dazu den Bericht im „Hochlandboten" vom 17. Okt. 1945, S.4

[129] Siehe den Bericht des Chefs des Schweizer Militärdepartements, Dr. Kobelt, vor dem Bundesrat in Bern im November 1945. SS-General Schellenberg übermittelte viele geheime Beschlüsse des Führerhauptquartiers an die Schweiz und galt dort als wichtiger Agent. Siehe „Hochlandbote" vom 25.11.1945, S. 2

[130] Mehrere Zeitzeugen bestätigen diesen Befehl, die Originale sind vernichtet. Siehe dazu auch (Lohmann 2017), S. 303 ff.

konnte er mit den wenigen in der Kemmel-Kaserne noch anwesenden Soldaten und einigen Gestapo-Beamten auch nicht erreichen. Gerüchte besagen, Fick wollte einem vermeintlich in seinen Taschen gefundenen Befehl zufolge alle Gefangenen erschießen lassen. Dem widerspricht die militärische Logik. Mit diesen schwachen Kräften und wenig Munition über 5.000 voll ausgebildete, kampferfahrene und körperlich fitte Offiziere erschießen zu wollen – ein Ding der Unmöglichkeit. Hier handelte es sich nicht um übelst zugerichtete KZ-Häftlinge. Die Offiziere hätten sich nach Kräften gewehrt. Das muss Fick klar gewesen sein.

Damit lässt sich auch sein weiteres Vorgehen erklären. Fick fährt selbst – ungewöhnlich für einen General aber mit Bilddokument indirekt nachweisbar – mit seinem aktuellen Dienst-Kfz, einem Skoda mit SS-Kennzeichen, aus der Kemmel-Kaserne kommend die Reichsstraße 2 vor bis zum Eingang des Oflag und hält an. Neben ihm sitzt sein Adjutant Hauptsturmführer Teichmann. Dicht dahinter hält ein weiteres Fahrzeug. Den am nördlichen Rand des Oflag-Geländes in Stellung stehenden US-Panzer M5 erkennen sie nicht. Dem Kaserneneingang nähert sich ein Gestapo-Beamter. Wahrscheinlich ist er aus einem der folgenden Fahrzeuge ausgestiegen und vermutlich mit einer Maschinenpistole bewaffnet, das könnte den Ablauf der Ereignisse erklären. Als dieser die Tordurchfahrt erreicht, sieht er den vor Hauptmann Oswald Pohl angetretenen Wachzug. Vor dem Kasernentor weithin sichtbar eine weiße Fahne. Kapitulation ist nach Sichtweise der Nationalsozialisten ein todeswürdiges Verbrechen, siehe die Befehle weiter oben. Der Beamte muss einen Feuerstoß abgegeben haben, denn Hauptmann Pohl erhält einen Durchschuss der linken Wange (das Geschoß tritt durch den geöffneten Mund wieder aus) und das Kriegstagebuch der 116th US-Cavalry berichtet von einem „machine gun fire".

Abbildung 71: Ein IKRK-Mitarbeiter fotografiert das Antreten den Wachzuges vor Hauptmann Oswald Pohl. Deutlich erkennbar ist die weiße Fahne als Zeichen der Kapitulation. Foto: Sammlung Rempfer.

Der US-Offizier im M5-Panzer interpretiert das als Angriff auf seine Soldaten und eröffnet mit dem an der Kommandanten-Luke auf Lafette montierten Maschinengewehr cal 0.30 (7,62 x 51 mm) das Feuer auf die SS-Fahrzeuge. Beide SS-Offiziere, Fick und Teichmann, springen aus dem Skoda, werde aber von den Feuerstößen getroffen. Fick erhält einen sofort tödlichen Kopfschuss, Teichmann reißt ein Querschläger den linken Unterschenkel auf, er stirbt binnen Minuten. Aus allen Fenstern jubeln die Gefangenen. Die nicht getroffenen Gestapo-Beamten und weiter hinten wartende Soldaten flüchten in die Kemmelkaserne. Daraufhin gibt der US-Troop-Führer das Kommando zum Nachsetzen. US-Infanteristen stürmen den Kaserneneingang, ein weiterer M5-Panzer fährt durch das Tor.[131] Die Freude und Dankbarkeit der jetzt befreiten Offiziere ist riesengroß, der Jubel will kein Ende nehmen.

---

[131] Die Ereignisse beschreibt detailliert auch (Lohmann 2017), S. 326 ff.

Abbildung 73: Der führende US-Panzer M5 und ein Spähpanzer M8 passieren den soeben getroffenen SS-Skoda. Zwei Infanteristen inspizieren das Fahrzeug. Durch die zahlreichen Treffer treten Öl und Kühlflüssigkeit aus. Hinter dem Skoda liegt der getroffene Hauptsturmführer Teichmann. SS-Generalmajor Fick liegt auf der Fahrerseite am Boden und ist aus diesem Blickwinkel nicht sichtbar. Foto: Sammlung Rempfer.

Vorsichtig nähert sich der US-Spitzenzug der Kemmel-Kaserne. Ein US-Sergeant erkundet den Eingang. Dort kapituliert Generalmajor Petry sofort. Sein Adjutant hält eine riesige weiße Flagge. Seine fast 200 Mann starke Wachmannschaft des Oflag und die verbliebenen Grenadiere stehen mit erhobenen Händen bereit. Der US-Cavalry-Troop-Chef befiehlt die Wachmannschaft sofort ins Oflag.

Abbildung 72: Generalmajor Petry ergibt sich dem US-Troop-Führer. Foto: US National Archives NARA 111-adc-4196, public domain.

Abbildung 74: Ein Teil der deutschen Wachmannschaft läuft mit erhobenen Händen ins Oflag VIIA. Dabei passiert sie den zweiten getroffenen Wagen, ein Holzvergaser-Modell (der Holzvorrat füllt den Dachgepäckträger). Der Fahrer, ein junger Soldat, ist tot. Im Hintergrund Gebäude der Kemmel-Kaserne mit Rot-Kreuz-Markierung auf den Dächern; ein Lazarett ist dort untergebracht. Drei der fünf zur Verstärkung mitfahrenden US-Panzer vom Typ M4A3 Sherman fahren Richtung Murnau. Hinter dem getroffenen Fahrzeug steht ein US-Jeep quer. Foto: Sammlung Rempfer.

Die Feuerstöße aus dem US-Panzer haben aber nicht nur die beiden SS-Offiziere getötet, auch der Fahrer des folgenden Kfz ist gefallen. Ebenso stirbt ein junger polnischer Leutnant, der jubelnd am Fenster steht, durch einen Querschläger.

Noch wissen die US-Soldaten nicht, ob Murnau verteidigt wird. Der Zwischenfall am Oflag erhöht die Nervosität. Der vorne mitfahrende Verbindungsoffizier zur 493rd Artillerie-Einheit prüft nochmals die Funkverbindung, die Geschütze sind feuerbereit.[132]

---

[132] Positionsangaben im Kriegstagebuch des 493rd Artillery Battalions weisen den Raum um Spatzenhausen als Feuerstellung aus. Das ganze Gebiet bis weit hinter Eschenlohe liegt damit im Feuerwirkungsbereich der Steilfeuerwaffen.

Manch Murnauer Bürger erwartet jetzt mit einem mulmigen Gefühl im Bauch die US-Soldaten. Das Rasseln der Panzerketten hört man schon von weitem. Die Schüsse vor dem Oflag blieben bestimmt nicht unbemerkt. Sollte man nun weiße Tücher aus dem Fenster hängen? Oder war das noch zu gefährlich? Im Markt konnten überall SS-Soldaten lauern, diese machten in solchen Fällen kurzen Prozess. Andererseits drohte der Marktgemeinde ein Feuerüberfall durch die US-Artillerie, sollte sich der Ort nicht sogleich ergeben.

Abbildung 75: Im Gegensatz zu Wehrmachts-Einheiten, die ihre Geschütze meist mit Pferden zogen, verfügte die US-Armee über vollmotorisierte Artillerie mit leistungsfähigen Zugmaschinen. Die abgebildete 155mm-Feldhaubitze hatte den Spitznamen „Long Tom". Die rund 45 Kilogramm schweren Granaten flogen bis zu 23 Kilometer weit. Foto: 12th Armored Division Museum, Abilene, Texas, public domain.

In dieser brenzligen Situation ergriff die Frau des Bürgermeisters, Aloisia Amann, die Initiative. Mutig lief sie durch den Obermarkt und forderte die Anwohner lautstark auf, sofort weiße Tücher als Zeichen der Kapitulation zu zeigen. Einige wenige Wehrmachtssoldaten schlossen sich an und trugen die Botschaft weiter.[133] Mit großem Erfolg, denn kurz darauf war der

---

[133] Die Ereignisse schilderten übereinstimmend mehrere Zeitzeugen.

Obermarkt weiß „geschmückt", was die inzwischen langsam vorrückenden US-Soldaten mit einem Lächeln quittierten und daraufhin bildlich festhielten.[134]

Hundreds of white flags announced the surrender of a town.

Abbildung 76: Der Murnauer Obermarkt am 29. April 1945. Die US-Chronik der 12. Panzerdivision spricht von hunderten weißen Flaggen, es handelte sich wohl eher um Bettwäsche. Ganz rechts ein M8 Spähpanzer, dahinter ein M5 Panzer und Halbkettenfahrzeuge. Foto: 12th Armored Division Museum, public domain.

Bürgermeister Josef Amann, Kriegsteilnehmer 1914/18 und seitdem beinamputiert, wäre dazu wohl auch nicht schnell genug in der Lage gewesen. Er ließ sich aber kurz zuvor Richtung Kohlgrub fahren, um Kontakt mit den US-Truppen aufzunehmen. Auch er wollte eine kampflose Übergabe seiner Gemeinde. Von dort hörte man eine Explosion und Schüsse. So vermutete Amann wohl, die US-Soldaten näherten sich aus dieser Richtung.

---

[134] Das Foto aus Murnau ziert die große Chronik der 12. US-Panzerdivision bis heute.

Abbildung 77: Eine Gruppe Wehrmachtssoldaten hatte die Straße und Bahnlinie nach Kohlgrub gesprengt (schwarzer Kreis) und sich mit Panzerfäusten sichernd auf die Lauer gelegt. Als sich aus Kohlgrub ein US-Panzer näherte, die Sperre erkannte und zu feuern begann, nahmen sie Reißaus. Der Fluchtweg der Wehrmachtsgruppe ist mit Pfeilen eingezeichnet. Quelle: Marktarchiv Murnau.

Die parallel zur 12. US-Panzerdivision über Schongau in Richtung Oberammergau schnell vorrückende 10. US-Panzerdivision hatte den direkten Kontakt zur 12. verloren und schickte aus Kohlgrub eine Aufklärungseinheit der 90. Cavalry Richtung Murnau. Diese meldete vor Grafenaschau ein Hindernis. Gegen 13:30 Uhr am

29. April 1945 hatte dort ein Trupp Wehrmachtssoldaten die von Bad Kohlgrub nach Murnau führende Straße und auch die Bahnverbindung gesprengt. Dabei wurde auch die vom Hörndle kommende Wasserleitung unterbrochen. An dieser Stelle kam Bürgermeister Amann nicht weiter, für einen PKW gab es kein Durchkommen.[135]

Auch im Süden Murnaus war ein junger Leutnant noch nicht bereit, zu kapitulieren. Er marschierte mit seiner Gruppe Soldaten unter Protest der Anwohner durch den Markt und droht jeden zu erschießen, der ihn aufhält. An

Abbildung 78: Bürgermeister Josef Amann, Foto: Marktarchiv Murnau.

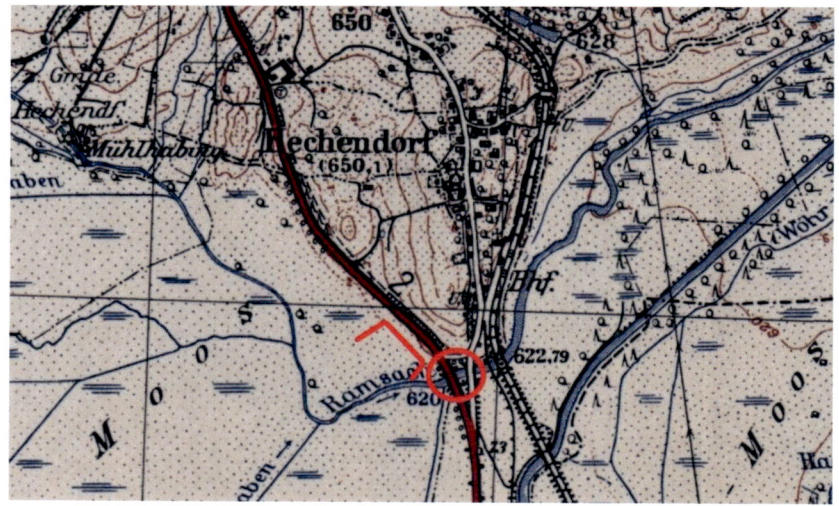

Abbildung 79: Der Hinterhalt an der Ramsachbrücke. Die Sperre ist eingekreist, entlang der Straße lagen der Leutnant und seine Soldaten mit Panzerfäusten. Der Bereich ist markiert. Quelle: Marktarchiv Murnau, eigene Bearbeitung.

---

[135] In den Berichten der 10. US-Division findet sich kein Eintrag über eine Kontaktaufnahme durch den Bürgermeister. Die hätte in Kohlgrub stattfinden müssen, dort verlief die Divisionsgrenze der Gefechtsabschnitte.

der Brücke über die Ramsach legten seine Wehrmachtssoldaten entlang der Reichsstraße 2 einen Hinterhalt. Mit Panzerfäusten wollten sie die US-Cavalry am Weiterfahren hindern.

Die US-Soldaten hatten ihr Tagesziel noch nicht erreicht, Murnau galt nur als Zwischenziel. So durchquerten die Fahrzeuge der 116th Cavalry den Markt zügig und klärten weiter entlang der Reichsstraße 2 Richtung Eschenlohe auf. Die Sperre an der Ramsach bemerkte der Kommandant des vorne fahrenden M5-Panzers rechtzeitig. Sofort streute er mehrere MG-Garben ins Gelände links und rechts der Straße. Anders als in der Ausbildung gelernt, flüchteten die deutschen Soldaten sofort und wurden damit zum leichten Ziel für das Maschinengewehr.[136] Drei junge

Abbildung 80: Ein M5-Panzer der 101st Cavalry. Der weiße Pfeil zeigt auf das cal 0.30 Maschinengewehr des Funkers („Bowman"). Der Kommandant verfügt oben auf einer Ringlafette über die gleiche Waffe. Die Sandsäcke sollen die Wirkung deutscher Panzerfäuste abmildern. Foto: 12th Armored Division, public domain.

---

[136] Siehe dazu den Kurzbericht der 101st cavalry. Zehn Minuten später fuhren sie weiter: https://www.trailblazersww2.org/pdf/101stcavalry_part2.pdf, S. 22 von 60

Leben unnötig ausgelöscht, der junge Leutnant und zwei seiner Kameraden blieben tödlich getroffen liegen.

Aber auch für den vorne fahrenden US-Troop nahm der Tag kein gutes Ende. Entlang der Reichsstraße, auf freier Fläche zwischen Hechendorf und Eschenlohe, trafen sie auf vier weitere Soldaten mit Panzerfäusten. Zusätzlich hatten sich Scharfschützen der SS gut getarnt in Stellung gebracht. Diese pickten sich präzise die weit aus ihren Luken schauenden GIs heraus. Gegen einzelne, im Gelände gut versteckte Scharfschützen half keine Artillerie. Zwei US-Soldaten überlebten die Fahrt nach Eschenlohe nicht, viele wurden verwundet. Erst den nachrückenden Hauptkräften der Division gelang es mit massivem Feuer der Panzer und Infanterieunterstützung die SS-Scharfschützen auszuschalten. Gefangene gab es hier nicht. Für die drei Kilometer nach Eschenlohe benötigte die Cavalry-Einheit 40 Minuten.[137]

Bis Oberau gab es dann keine Probleme. Dort trafen die Spitzen der 10. Und 12. Panzerdivision zusammen. Major General Frank Milburn, der kommandierende General des XXI. US-Korps, befahl daraufhin der 10. Division den weiteren Vormarsch über Garmisch-Partenkirchen und Mittenwald nach Innsbruck. Die 12. Sollte zunächst bei Murnau einen Verfügungsraum beziehen und auf weitere Befehle warten.

In Murnau erfreuten sich inzwischen die vielen Gefangenen aus dem Oflag ihrer wiedergewonnenen Freiheit. Nach Auskunft von Zeitzeugen kam es dabei aber weniger als erwartet zu Plünderungen und Zerstörungen. Dazu beigetragen hat auch das Management der US-Army. Eine Kompanie der US-Militärpolizei sicherte die Marktgemeinde, denn dort und in der näheren Umgebung befand sich für zwei Tage der Verfügungsraum der 12. US-Division. Das schützte auch die Einwohner.

---

[137] Ebd.

12. Murnau in US-amerikanischer Hand

Am Abend des 29. April 1945 hatte die 12. US-Panzerdivision in Murnau ihr Hauptquartier aufgeschlagen – im Gut Hochried am Staffelsee. Der Vormieter, Willy Messerschmitt, musste weichen. Inzwischen verschlechterte sich das Wetter, mehrere Zentimeter Schnee machten den Fahrzeugen zu schaffen. Die tödlichen

92nd Cavalry Squadron guard at a road junction near CP keep warm in the May snow
storm near Murnau, Germany.

Abbildung 81: Die Reserve der 101st Cavalry, die 92nd Squadron, bezog ebenfalls Quartier im Raum Murnau. Das Bild zeigt den damals starken Schneefall. Foto: 12th Armored Division Museum, Abilene, Texas, public domain.

Attacken der SS-Scharfschützen auf dem Weg nach Eschenlohe veranlassten den Divisionskommandeur, weitere Infanterie-Verstärkung anzufordern, um die Umgebung von Murnau zu durchkämmen. Die bekam er auch. Das 143. Infanterie-Bataillon der 36. US-Infanteriedivision machte sich noch in der Nacht auf dem Weg und durchstreifte am Folgetag die ganze Umgebung von Murnau. Ohne Erfolg, die SS hatte sich tatsächlich über die Loisach zurückgezogen, allerdings nicht ohne dabei alle Brücken zu sprengen. Wirklich aufhalten konnten sie die US-Soldaten damit nicht, deren fähige Pioniere schafften schnell einen Notbehelf. Jedoch dauerte es danach viele Monate, in einigen Fällen sogar Jahre, bis wieder alle instandgesetzt werden konnten. Aber auch die US-Truppen verursachten Schäden, so z. B. abseits der Wege im Murnauer Moos.

Abbildung 82: Eine US-Selbstfahrlafette mit 155mm-Geschütz, festgefahren im Murnauer Moos. Das kam leider öfter vor. Foto: 12th Armored Division Museum, Abilene, Texas, public domain.

Viele Wehrmachtssoldaten und NS-Größen hielten sich in diesen Tagen versteckt. Kreisleiter Dennerl sah man nicht mehr. Willy Messerschmitt hatte bei Eckhart Feuchtmayr in Oberried Unterschlupf gefunden. Es gibt glaubwürdige Berichte, dass erst drei Wochen später ein alter US-Fliegerkamerad den prominenten Flugzeugbauer Willy Messerschmitt dort aufsuchte und festnahm: Charles Lindbergh.

In der Murnauer Kemmel-Kaserne richtete die US-Army in den folgenden Wochen einen Sammelpunkt zur Registrierung der vielen Kriegsgefangenen ein. Für eine Unterbringung der Männer kam die kleine Kaserne nicht in Frage. So dienten die Wälder und Wiesen der Umgebung bald als Notunterkunft für zigtausende Kriegsgefangene. Z. B. wurden den verbliebenen Soldaten der deutschen 2. Panzerarmee die Wälder um Eberfing zugewiesen. Im Weilheim kamen die versprengten Teile per Bahntransport an, entluden ihre Fuhrwerke und zogen in die Wälder. Mit Planen und einigen wenigen US-Zelten schützten sie sich vor Wind und Regen.[138] Die US-Army bezeichnete sie als „entwaffnete Feindkräfte", damit musste sie diese Männer im Gegensatz zu offiziellen Kriegsgefangenen nicht verpflegen. Für Versorgung, Unterkunft und allgemeine Ordnung waren die deutschen Einheitsführer zuständig. Es herrschte Hunger und große Not.

Die Situation verschlechterte sich zusätzlich, als am 2. Juni 1945 im Landmarsch aus Österreich etwa 17.000 Mann der SS-Division „Wiking" eintrafen. Um nicht in sowjetische Gefangenschaft zu müssen, flüchtete dieser SS-Verband in einem Gewaltmarsch aus dem Raum Graz über die Alpen, bis sie auf US-Soldaten trafen. Die US-Army wies ihnen dann den Raum Murnau zu, dort trafen die ersten Fahrzeuge Anfang Juni 1945 ein.[139] Erstaunlicherweise verfügten die SS-Verbände offenbar noch über genügend Fahrzeuge und Kraftstoff, während die Wehrmacht längst auf Pferd und Wagen umsteigen musste. In Murnau hatten die SS-Männer aber bis auf die persönlichen Gegenstände alles abzugeben und ebenfalls in die Wälder um Eberfing zu ziehen. Das ging allerdings nicht lange gut, das Gebiet wimmelte nur so

---

[138] Dazu gibt es einen US-Film: https://catalog.archives.gov/id/18454 (04.11.2022)
[139] Siehe auch die ausführliche Recherche von Karl Wolf (Riegsee 2015), S. 158 ff.

Abbildung 83: Fuhrwerke der 2. Panzerarmee ziehen Anfang Mai 1945 durch Weilheim. Das "Adolf-Hitler-Platz"-Schild am Eckhaus Bankgeschäft Stölzle und Simader ist schon lange entfernt, jetzt heißt er wieder Marienplatz. Foto: Still Picture aus US National Archives NARA, ID: 111-adc-4652, public domain.

von Gefangenen. Die US-Verwaltung trennte daraufhin die SS von den Wehrmachtseinheiten und richtete in Habach ein eigenes Entlassungslager für Wehrmachtsangehörige ein, die nicht in Verdacht standen, Kriegsverbrechen begangen zu haben. Die SS-Division musste am 26. Juni 1945 an den Riegsee in ein Freilager verlegen. Ohne die Unterstützung der Landwirte vor Ort wären viele verhungert. Zwar gab es in Habach US-Versorgung und sogar eine Krankenstation, doch die SS hatte dort keinen Zutritt. Aus verständlichen Gründen waren die GIs auf SS-Männer nicht gut zu sprechen. An dieser Stelle ist darauf hinzuweisen, dass es sich zwar bei SS und Waffen-SS um zutiefst verbrecherische Organisationen handelte, doch die Jüngsten entschieden sich häufig nur unter Druck für eine Mitgliedschaft.

Himmler hatte es verstanden, die Jugendlichen der Geburtsjahrgänge 1927, 1928 und sogar 1929 in die Waffen-SS zu zwingen. Scheinbar aus organisatorischen Gründen legte er die Rekrutierungsbüros der Wehrmacht mit der SS zusammen. Dort sorgten dann brutale SS-Führer mit roher Gewalt und Demütigung dafür, dass die von der Hitlerjugend Indoktrinierten sich „freiwillig" meldeten.

Zusammenarbeit Heer-Waffen-SS

Der Reichsführer SS und Befehlshaber des Ersatzheeres hat im Zuge der Konzentration aller Kräfte für den totalen Krieg bei der Werbung Freiwilliger und des aktiven Offizier- bezw. Führernachwuchses des Heeres und der Waffen-SS eine weittragende Entscheidung getroffen. Durch die Vereinigung der Annahmestellen des Heeres mit den Ergänzungsstellen der Waffen-SS ist eine weitere enge Zusammenarbeit zwischen dem Heer und der Waffen-SS gewährleistet. Die Beratung in allen Wehrfragen, die Meldung und Annahme für alle Einheiten des Heeres, insbesondere der Volksgrenadier-Divisionen und der Waffen-SS erfolgt fortan nur noch in den gemeinsamen „Ergänzungsstellen des Heeres und der Waffen-SS", die in größeren Orten des Wehrkreises Außenstellen einrichten. Die für den Wehrkreis VII zuständige Ergänzungsstelle ist die Ergänzungsstelle des Heeres und der Waffen-SS Süd (VII), München 27, Pienzenauerstraße 15, Tel. 480 521, 480 529.

Abbildung 84: Himmler veranlasste eine Zusammenlegung der Rekrutierungsbüros. So sorgte er dafür, dass die SS genügend Nachwuchs bekam. Zeitungsbericht im „Weilheimer Tagblatt" vom 14. März 1945, S. 3

Es gab noch ein weiteres Freilager im Raum Murnau-Riegsee. Dort befanden sich Teile der 14. Waffen-Grenadier-Division der SS (galizische Nr. 1). Dieser Verband ist auch unter dem Namen „1. Ukrainischen Division der Ukrainischen Nation-Armee" gelistet. Es handelte sich dabei überwiegend um Ukrainer aus dem Raum Lwiw, die auf der Seite Hitlers gegen die Sowjetunion kämpften.[140] Damit war eine Rückkehr in das Reich Stalins ein tödliches Risiko. Nicht wenige dieser mehrsprachigen Soldaten bewarben sich danach erfolgreich um eine Anstellung in der US-Army. Mit Beginn des kalten Krieges hatte die US-Regierung hier einen erhöhten Bedarf.

Abbildung 85: Die meisten Kriegsgefangenen mussten in ein Freilager, hatten also keinen Schutz vor Witterung und kaum Nahrung. Ausnahmen gab es nur für einige höhere SS-Offiziere, die mit während des Krieges gestohlenen Wertsachen Anwohner bestachen und teilweise sogar in Gasthäusern nächtigten. Foto: 12th Armored Division Museum, Abilene, Texas, public domain.

---

[140] Siehe dazu: 14. Waffen-Grenadier-Division der SS (galizische Nr. 1) – Wikipedia (05.11.2022). Weitere Informationen finden sich bei (Riegsee 2015), S. 177

Ebenso sorgte schon wenige Wochen nach Kriegsende eine gut funktionierende Abteilung der US-Army für den raschen Transfer militärisch nützlicher Technik aus dem Oberland in die USA. Nicht nur die Konstruktionsunterlagen aus Willy Messerschmitts Büro in Murnau kamen zu Auswertung nach Übersee, auch viele Ingenieure erhielten das Angebot, in den USA arbeiten zu können. In solchen Fällen wog die NS-Vergangenheit weniger schwer als das fachliche Können im Rüstungsbereich. Bereits nach sechs Monaten Aufenthalt konnte der Antrag auf eine US-Staatsbürgerschaft gestellt werden. Die Kosten für den Nachzug von engen Familienangehörigen übernahm die Army.[141]. Nicht wenige Wissenschaftler nahmen das Angebot an, der prominenteste unter ihnen dürfte Wernher von Braun sein, der seine Raketenkonstruktion in den Vereinigten Staaten weiter entwickeln konnte, bis der Flug zum Mond gelang.

In Garmisch-Partenkirchen entdeckten US-Soldaten besonders schwere Kisten mit wertvollem Inhalt. Das physikalische Institut der Universität Köln verlagerte in den letzten Kriegswochen einen erheblichen Teil seiner Laboratorien und Vorräte nach Garmisch. Ein Teil kam in eine Baracke auf den Beton-Fundamenten des einstigen „Kraft-durch-Freude"-Hauses am Eisstadion, ein weiterer Teil in den Keller der Sportstätte. Hier erwarteten die Wissenschaftler keinen Luftangriff. Die deutschen Forscher entwickelten jedoch keine Atombombe, sie arbeiteten an einer „Uranmaschine" zur Energieerzeugung, aus heutiger Sicht also an einem Atomkraftwerk. Die gesamten Materialen einschließlich der umfangreichen Institutsbibliothek übernahmen die US-Amerikaner und transportierten sie per LKW und Flugzeug in die USA.

---

[141] Ein Zeitungsbericht im „Hochlandboten" vom 10. Dez. 1947 erwähnt die Aussage der US-Behörden, dass sich unter den 73 deutschen Wissenschaftlern, die schon ihre Familien in die USA nachkommen ließen, „keine großen Nazis" befänden.

Als der Zusammenbruch des Reiches immer offensichtlicher wurde, ließen andere Forschungsanstalten zum größten Mißvergnügen des hiesigen Instituts ihre Bestände an Uran und schwerem Wasser nach Garmisch-Partenkirchen transportieren. Niemand weiß, warum das eigentlich geschah. Jedenfalls stapelten sich hier schließlich 15 Z e n t n e r U r a n, eine Menge, die bei einem plötzlichen Zerfall im ganzen Loisachtal keinen einzigen Ziegelstein heil gelassen hätte. Zu dieser Befürchtung bestand allerdings zu keinem Zeitpunkt auch nur der geringste Anlaß, wie sich aus dem bisher Gesagten ja von selbst ergibt. Neben dem Uran kam schließlich auch noch ein Hektoliter des kostbaren „schweren Wassers" zusammen. Es ist im gewöhnlichen Wasser nur im Verhältnis 1:5000 enthalten. Seine Abtrennung bereitet ganz außerordentliche Schwierigkeiten, die man aber wegen seiner für die Atomforschung wichtigen Eigenschaften in Kauf nehmen muß. Aus diesen Gründen erzielte im Frieden ein Liter schweren Wassers den phantastischen Preis von rund 3000 Mark.

Abbildung 86: 750 Kilogramm Uran verbrachten die deutschen Atomforscher bei Kriegsende nach Garmisch-Partenkirchen. Allerdings handelte es sich nicht um bombenfähiges Material, es war nicht angereichert, „nur" radioaktiv. Bericht im „Hochlandboten" vom 24. Mai 1946, S. 4.

Die mit unbegrenzten Mitteln in Milliardenhöhe ausgestattete US-Atomforschung konzentrierte sich bisher ja ausschließlich auf die Bombe. Somit waren die deutschen Erkenntnisse zur Atom-Energieerzeugung eine wertvolle Bereicherung.

13. Schlussbemerkungen

Für viele US-Soldaten der 12. US-Panzerdivision endete der Krieg praktisch in Murnau. Dort erfuhren sie vom Selbstmord Hitlers und erkannten, dass die vermutete Alpenfestung nicht existierte. Zwar musste die Division den Raum Murnau nach drei Tagen wieder verlassen, um das Inntal zu besetzen. Der kurze Weg über Mittenwald stand wegen mehrerer Sprengungen nicht offen. So jagten die schnellen Panzer zur Freude der Besatzungen in einem Gewaltmarsch über die Reichsstraße 2 nach München, von dort über die Autobahn nach Kufstein. Nennenswerte Zwischenfälle gab es nicht. Hitlers Straßenbauprogramm hatte also tatsächlich einen militärischen Nutzen – wenn auch anders als gedacht.

Zum Schluss erreichten die Murnauer Gemeinderäte mit dem favorisierten Neubau zweier Kasernen doch noch den gewünschten wirtschaftlichen Effekt. Die US-Generalität war von Lage und Ausstattung der militärischen Unterkünfte begeistert. Von Anfang an stationierte die US-Army in Murnau wichtige Ausbildungseinheiten. Der Volksmund sprach von „Ami-Schule". Bereits zwei Jahre nach Kriegsende besuchten hunderte Soldaten und zivile Mitarbeiter die „European Command Engineer School" in Murnau und sorgten mit ihrer Nachfrage nach Bedarfsgütern auch für eine wirtschaftliche Erholung der glücklicherweise unzerstört gebliebenen Marktgemeinde.[142]

Viele der damals im entscheidenden Moment mutig handelnden Personen sind inzwischen fast vergessen. Stellvertretend seien einige genannt:

---

[142] Siehe dazu den Bericht im „Hochlandboten" vom 9. Mai 1947, S. 4

Hauptmann Gerngross und Oberleutnant Betz, die mit ihrer Freiheitsaktion Bayern die Kampfhandlungen im Oberland verkürzen und damit viele Leben retten konnten. Hauptmann Pohl, der seinem ängstlichen General das Heft aus der Hand nahm, das Oflag VIIA kampflos übergeben wollte und dabei nur mit viel Glück leicht verletzt davonkam. Aloisia Amann, die für die weiße „Beflaggung" des Obermarktes und damit kampflose Übergabe Murnaus sorgte, sich dabei angesichts der noch anwesenden SS-Männer unerschrocken in Lebensgefahr brachte.

Sie sind zeitlebens stille Helden geblieben.

May 1945 - Murnau, Germany. Last stop...end of war. Austrian Alps in background.

2003.065.022

Abbildung 87: Für viele Soldaten der 12. US-Panzerdivision endete in Murnau der Zweite Weltkrieg. Auch deshalb entstanden positive Erinnerungen an die idyllisch gelegene Marktgemeinde. Foto: 12th Armored Division Museum, public domain.

LITERATURVERZEICHNIS

Bajohr, Stefan. *Vierteljahreshefte für Zeitgeschichte*, 1. Juli 1980: 331-358.

Blaich, Fritz. „Die bayerische Industrie 1933 - 1939." In *Bayern in der NS-Zeit, Herrschaft und Gesellschaft im Konflikt*, von Martin, Fröhlich, Elke Broszat, 237 - 279. München : Oldenbourg Verlag, 1979.

Broszat, Martin. *Bayern in der NS-Zeit, Soziale Lage und und politisches Verhalten der Bevölkerung.* München: Oldenbourg Verlag, 1977.

Brückner, Joachim. *Kriegsende in Bayern 1945.* Freiburg: Rombach Verlag, 1987.

Bruppbacher, Paul. *Die Geschichte der NSDAP 4. Auflage, 2018, S. 90.* . BoD, 2018.

Carter, Kit and Mueller, Robert. *Combat Chronology 1941 - 1945.* Washington D.C.: Center for Air Force History, 1991.

Chavkin, Boris et. al. „Katholische Universität Eichstätt." 2016. https://www.ku.de/forschungseinr/zimos/publikationen/forum/dokumente/die-letzten-tage-von-heinrich-himmler/ (Zugriff am 15. 11 2019).

Daly, Hugh C. *42nd "Rainbow " Infantry Division: a combathistory of World War II.* Bangor Public Library, 1946.

Davis, Richard. „Bombing the European Axis Powers." Herausgeber: Alabama Maxwell Air Force Base. 2006. https://apps.dtic.mil/sti/pdfs/ADA450007.pdf (Zugriff am 28. Februar 2021).

Diem, Veronika. *Die Freiheitsaktion Bayern.* Bd. 19. Kallmünz: Münchner Historische Studien, 2013.

Döbert, Frank. „Wilson Center." 18. 08 2019. https://www.wilsoncenter.org/publication/hans-kammler-hitlers-last-hope-american-hands (Zugriff am 21. 11 2021).

Eckardt, D. „Deutscher Luft- und Raumfahrtkongress." 2014. https://www.dglr.de/publikationen/2015/340001.pdf (Zugriff am 30. 10 2021).

Fait, Barbara. *Von Stalingrad zur Währungsreform. Zur Sozialgeschichte des Umbruchs in Deutschland.* München: Hrsg.: Martin Broszat, Klaus-Dietmar Henke, Hans Woller, 1988.

Field, F. P. *12th Armored Division Museum.* 2005. http://www.12tharmoredmuseum.com/capture.asp (Zugriff am 05. 11 2019).

Foreign Office & Ministry of Economic Warfare. *The Bomber's Baedeker.* Bd. II. London: Britisches Außenministerium, 1944.

Gedenken im Würmtal. 2019. https://www.gedenken-im-wuermtal.de/files/wtn/partner/gedenken-im-wuermtal/archiv/6.2.3.html (Zugriff am 30. 10 2021).

Gerrits, Heinz. „Freundeskreis der Luftwaffe." 2019. http://www.freundeskreis-luftwaffe.de/index.php/nachrichten/100-besichtigung-weingut (Zugriff am 03. 11 2020).

Greiner, Helmut, und Percy Schramm. *Kriegstagebuch des Oberkommandos der Wehrmacht.* Bd. IV. Frankfurt a. M.: Bernard & Graefe Verlag für Wehrwesen, 1961.

Greiner, Helmuth, und Percy Schramm. *Kriegstagebuch des Oberkommandos der Wehrmacht.* Bd. I. Frankfurt: Bernard & Graefe Verlag für Wehrwesen, 1965.

Grüttner, Michael. *Brandstifter und Biedermänner. Deutschland 1933 - 1939.* Stuttgart : Klett-Cotta, 1985.

Hennicke, Steffen. „Deutsches Historisches Museum Berlin." 19. 05 2015. https://www.dhm.de/lemo/kapitel/der-zweite-weltkrieg/kriegsverlauf/der-werwolf.html (Zugriff am 11. 11 2019).

Historisches Lexikon Bayerns Traditionsgau München Oberbayern. 2019. https://www.historisches-lexikon-bayerns.de/ Lexikon/Traditionsgau_M%C3%BCnchen-Oberbayern, _1930-1945 (Zugriff am 30. 10 2022).

Hruschka, Marion. *Markt Murnau am Staffelsee.* Murnau: EOS Verlag, 2002.

Huber, Robert J. *Kriegsende in Weilheim.* Norderstedt: Books on Demand, 2019.

Internet Archive, San Francisco, USA (non profit). 2019. https://web.archive.org/web/20100715134511/http:/www.s ee-blick.de/lblockwart.html (Zugriff am 30. 10 2019).

Kershaw, Ian. „Reaktionen auf die Judenverfolgung." In *Bayern in der NS-Zeit*, von Martin Broszat und Elke Fröhlich, 282 ff. München: Oldenbourg Verlag, 1979.

Klapdor, Sebastian. *Der Technologietransfer Deutschland USA nach dem Zweiten Weltkrieg am Beispiel der Kochel Windkanalanlage.* Herausgeber: Magisterarbeit. Koblenz, 2004.

Knigge, Jobst C. „edoc.hu-berlin.de." 10. Juli 2016. https://edoc.hu-berlin.de/bitstream/handle/18452/14325/27dJSPbceDHDI.pdf?sequence=1&isAllowed=y (Zugriff am 31. Januar 2021).

Langhammer, Sven. „histdata-uni-halle.de." Herausgeber: Universität Halle. 2007. https://www.histdata.uni-halle.de/texte/halbz/17_Langhammer.pdf (Zugriff am 31. Januar 2021).

Leicht, Johannes. *Deutsches Historisches Museum Berlin.* 2015. https://www.dhm.de/lemo/kapitel/der-zweite-weltkrieg/kriegsverlauf/die-wunderwaffen-v1-und-v2.html (Zugriff am 07. 11 2019).

Lexikon der Wehrmacht. 30. 10 2019. http://www.lexikon-der-wehrmacht.de/Waffen/panzer6.htm.

Lohmann, Martin. *Alpenblick hinter Stacheldraht.* München: Allitera Verlag, 2017.

Lory, Roland. „Als Funktionär und als Lehrer in der Kritik." *Weilheimer Tagblatt*, 23.06.2018.

Marbach, Christian. *Chronik der Muna Schierling.* 1987.

Menzel, Thomas. „Bundesarchiv." 2019. https://www.kas.de/web/rechtsextremismus/falsche-vorbilder-die-waffen-ss.

Military Wiki. 2019. https://military.wikia.org/wiki/Lockheed_P-38_Lightning#cite_note-Cesarani-74 (Zugriff am 30. 10 2019).

Mordnacht. 30. 10 2019. http://www.mordnacht.de/28april.shtml (Zugriff am 03. 11 2022).

Muigg, Mario. „Die Alpenfestung." *Journal for Intelligence, Propaganda and Security Studies*, No. 2 2007: 97 ff.

N.N. „Nationalsozialistische Baukunst." *Das Bauen im neuen Reich*, 1938: Seite 3 ff.

Neitzel, Sönke. *Deutsche Krieger - Vom Kaiserreich zur Berliner Republik, eine Militärgeschichte.* 4. Auflage. Berlin: Ullstein Verlag, 2020.

Obb., Freiwillige Feuerwehr Weilheim i. *Festschrift zum 100jährigen Bestehen.* Weilheim: Eigenverlag, 1976.

Phantom in Bayern, die Alpenfestung. *Spiegel Online.* 1964. https://www.spiegel.de/spiegel/print/d-46174847.html (Zugriff am 11. 11 2019).

Pieken, Gorch. „MDR." 04. 04 2016. https://www.mdr.de/zeitreise/pervitin-soldaten-krieg-droge-hitler-deutsches-reich100.html (Zugriff am 20. 11 2019).

Raim, Edith. *Es kommen kalte Zeiten - Murnau 1919 - 1950.* München: Volk Verlag, 2021.

Reinert-Tárnoky. „Horthy von Nagybánya, Miklós." In *Biografisches Lexikon zur Geschichte Südosteuropas*, von Mathias / von Schroeder, Felix Bernath, 183 - 185. München: Leibniz Institut für Ost- und Südosteuropaforschung, 1976.

Riegsee, Arbeitskreis Geschichte der Gemeinde. *Der Weg in die Demokratie 1919-1949.* Bd. 3. St. Ottilien: Eigenverlag der Gemeinde Riegsee, 2015.

Runzheimer, Jürgen. „Der Überfall auf den Sender Gleiwitz im Jahre 1939." *Vierteljahreshefte für Zeitgeschichte*, 1. Oktober 1962: 408-427.

Schwarzmüller, Alois. „GAP Geschichte." 2006.
https://www.gapgeschichte.de/ns_zeit_1945_kriegsende_te
xt/kriegsende_text_2_ereignisse.htm (Zugriff am 11. 11
2019).

Scriba, Arnulf. „Deutsches Historisches Museum Berlin." 19. 05 2015.
https://www.dhm.de/lemo/kapitel/der-zweite-
weltkrieg/kriegsverlauf/volkssturm.html (Zugriff am 20. 11
2021).

—. „Deutsches Historisches Museum Berlin." 11. 09 2015.
https://www.dhm.de/lemo/kapitel/ns-regime/ns-
organisationen/nsdap.html (Zugriff am 12. 11 2021).

Siegert, Toni. „Das Konzentrationslager Flossenbürg." In *Bayern in der
NS-Zeit*, von Martin und Fröhlich, Elke Broszat, 429-493.
München: Oldenbourg, 1979.

Staatsarchiv Eupen. 2014.
https://www.kriegserfahrungen.be/geschichte/zweiter-
weltkrieg/hintergrund-ardennenoffensive/.

Stadtarchiv Rosenheim. 30. 10 2022.
https://www.stadtarchiv.de/stadtgeschichte/rosenheim-im-
3-reich/luftschutz-und-luftangriffe/.

Staudinger, Heinz. *Zwischen Hakenkreuz und Sternenbanner.*
München: CompuDig Verlag, 1999.

Steininger, Rolf. *Südtirol im 20. Jahrhundert.* Innsbruck:
Studienverlag, 2004 .

Stinglwagner, Gerhard K. F. *Von Mönchen, Prinzen und Ministern.*
München: Bayerisches Staatsministerium für Ernährung,

Landwirtschaft und Forsten, Referat Innerer Dienstbetrieb, 1991.

The Portal of Texas History. 2019. https://texashistory.unt.edu/ark:/67531/metapth639084/m1/77/zoom/?q=Iffeldorf&resolution=1.0497166836230671&lat=2949.6421060152998&lon=2171.308296072662.

Unterrichter, Dr. med. Leo. „Tiroler Landesmuseum Ferdinandeum." kein Datum. https://www.zobodat.at/pdf/VeroeffFerd_026-029_0555-0581.pdf.

van Hüllen, Rudolf. „Konrad Adenauer Stiftung." 2015. https://www.kas.de/web/rechtsextremismus/falsche-vorbilder-die-waffen-ss.

Vierjahresplan, Hitlers Denkschrift zum. *Institut für Zeitgeschichte München.* 09. 10 2019. https://www.ifz-muenchen.de/heftarchiv/1955_2_5_treue.pdf (Zugriff am 09. 10 2022).

Wichmann, Manfred. „Deutsches Historisches Museum Berlin." 14. 09 2014. https://www.dhm.de/lemo/biografie/heinrich-himmler (Zugriff am 20. 11 2021).

Wikipedia. Diverse Aufrufe.

Wöhlert, Meike. *Der politische Witz in der NS-Zeit am Beispiel ausgesuchter SD-Berichte und Gestapo-Akten.* Wien: Lang, Peter, 1997.

Zarges. *Festschrift zum 75jährigen Bestehen.* Weilheim: Eigenverlag, 2008.

QR-CODE-VERZEICHNIS

Buch Seite	Link	QR
8	documentArchiv.de - Versailler Vertrag, Art. 159-213 (28.06.1919)	
	Link	**QR**
14	Reichstagswahlen 1918-1933 - Regierungsbezirk Oberbayern (wahlen-in-deutschland.de)	
	Link	**QR**
16	Vierte Flandernschlacht – Wikipedia	
	Link	**QR**
18	https://www.jura.uni-muenchen.de/fakultaet/lehrstuehle/satzger/materialien/haag1907d.pdf	
	Link	**QR**
18	RIS - Schutz der Opfer des Krieges (1929) - Kriegsgefangene - Bundesrecht konsolidiert, Fassung vom 29.11.2022 (bka.gv.at)	

Buch Seite	Link	QR
20	https://www.swr.de/swr2/wissen/archivradio/schueler-ueben-1939-umgang-mit-volksgasmaske-100.html	
	Link	**QR**
22	Deutsches Reichsgesetzblatt Teil I 1867-1945 (ny.gov)	
	Link	**QR**
23	Die NATO School Oberammergau - Eine unbekannte Ausbildungseinrichtung? • Fachportal für Wehrmedizin & Wehrpharmazie	
	Link	**QR**
25	NSO > Organization > History > By Time Period > First Steps after WW II (nato.int)	
	Link	**QR**
26	Oberbayerische Forschungsanstalt – Wikipedia	

Buch Seite	Link	QR
26	Messerschmitt Me 262 – Wikipedia	
	Link	**QR**
26	North American F-86 – Wikipedia	
	Link	**QR**
27	Saab 29 – Wikipedia	
	Link	**QR**
30	Operation Hydra – Wikipedia	
	Link	**QR**
30	Chronik - KZ-Gedenkstätte Mittelbau-Dora (buchenwald.de)	

Buch Seite	Link	QR
30	https://www.grin.com/document/28223	
	Link	**QR**
35	National Archives NextGen Catalog	
	Link	**QR**
35	https://catalog.archives.gov/id/143477465	
	Link	**QR**
37	https://catalog.archives.gov/id/143483790	
	Link	**QR**
41	https://www.stadtarchiv.de/stadtgeschichte/rosenheim-im-20-jahrhundert/1940-1949/luftschutz-und-luftangriffe/	

Buch Seite	Link	QR
46	https://www.br.de/nachrichten/bayern/entschaerfung-der-fliegerbombe-am-bahnhof-weilheim-erst-am-abend,QwAsOb0	
	Link	**QR**
46	http://www.arbeitskreis-historisches-geretsried.de/ver%C3%B6ffentlichungen/heftserie-r%C3%BCstungswerke/7-1-warum-in-geretsried/	
	Link	**QR**
47	Gedenkstätte Deutscher Widerstand - Biografie (gdw-berlin.de)	
	Link	**QR**
48	https://hls-dhs-dss.ch/de/articles/028511/2010-03-25/	
	Link	**QR**
49	https://www.merkur.de/lokales/garmisch-partenkirchen/funker-sendet-guglhoer-us-geheimdienst-3211933.html	

Buch Seite	Link	QR
49	https://www.ifz-muenchen.de/archiv/zs/zs-3145.pdf	
	Link	**QR**
50	https://catalog.archives.gov/id/16620556	
	Link	**QR**
51	Friedrich Fromm - Wikipedia	
	Link	**QR**
54	Heckler & Koch – Wikipedia	
	Link	**QR**
57	https://austria-forum.org/af/AustriaWiki/Wiener_Operation	

Buch Seite	Link	QR
58	Nerobefehl – Wikipedia	
	Link	**QR**
60	https://www.ifz-muenchen.de/heftarchiv/1963_4_2_buchheim.pdf	
	Link	**QR**
62	https://d-nb.info/975984101/34	
	Link	**QR**
62	Schlacht um Crailsheim – Wikipedia	
	Link	**QR**
62	https://www.ibiblio.org/hyperwar/USA/USA-E-Last/USA-E-Last-18.html	

Buch Seite	Link	QR
63	https://www.faulhaber-edition.de/dokument.html?idno=09265_1945-04-11_T01&searchterm=Kriebel	
	Link	**QR**
64	Welfen-Kaserne (Landsberg am Lech) – Wikipedia	
	Link	**QR**
65	Ardennenoffensive – Wikipedia	
	Link	**QR**
65	https://www.helmholtz.de/newsroom/artikel/eine-korrektur-der-geschichtsschreibung/	
	Link	**QR**
65	https://www.dglr.de/publikationen/2015/340001.pdf	

Buch Seite	Link	QR
65	Office of Strategic Services – Wikipedia	
	Link	**QR**
69	GI (Soldat) – Wikipedia	
	Link	**QR**
70	https://the-main-event.de/songindex/tieayellowribbonroundtheoleoaktree.html	
	Link	**QR**
73	Seventh Army history, part two, chapters XXVII thru XXXI, phase four. - World War II Operational Documents - Ike Skelton Combined Arms Research Library (CARL) Digital Library (oclc.org)	
	Link	**QR**
74	KZ-Außenlager Kaufering IV – Hurlach – Wikipedia	

Buch Seite	Link	QR
74	https://cgsc.contentdm.oclc.org/digital/collection/p4013coll8/id/3645/rec/9	
	Link	**QR**
75	https://1-101cav.tripod.com/ww2.html	
	Link	**QR**
75	https://www.kraillingoils.de/geschichte	
	Link	**QR**
77	75. Jahrestag des 20. Juli 1944 (bundesregierung.de)	
	Link	**QR**
78	https://catalog.archives.gov/id/270997112	

Buch Seite	Link	QR
80	Reichssiedlung Rudolf Heß – Wikipedia	
	Link	**QR**
81	Freiheitsaktion Bayern (FAB) – Historisches Lexikon Bayerns (historisches-lexikon-bayerns.de)	
	Link	**QR**
82	http://www.mordnacht.de/28april.shtml	
	Link	**QR**
86	https://catalog.archives.gov/id/270997112	
	Link	**QR**
87	https://1-101cav.tripod.com/ww2.html	

Buch Seite	Link	QR
90	https://www.ifz-muenchen.de/archiv/zs/zs-3145.pdf	
	Link	QR
91	https://1-101cav.tripod.com/ww2.html	
	Link	QR
91	Kriegsende 1945 - Als die Amerikaner München befreiten - München - SZ.de (sueddeutsche.de)	
	Link	QR
93	https://catalog.archives.gov/id/17998	
	Link	QR
97	Deutschland 1945: Spektakuläre Lager-Bilder entdeckt (merkur.de)	

Buch Seite	Link	QR
109	https://www.trailblazersww2.org/pdf/101stcavalry_part2.pdf	
	Link	QR
114	https://catalog.archives.gov/id/18454	